BABY

by Ann

ANNA LEWANDOWSKA

BABY *by Ann*

SPIS TREŚCI

Przepisy

Party by Ann

1

Jak zmieniają się potrzeby twojego dziecka?

Odpowiednia dieta i aktywność fizyczna w pierwszych latach życia naszych dzieci zapewnia im prawidłowy rozwój: zarówno fizyczny, jak i psychiczny. Zrównoważona i urozmaicona dieta to jeden z najlepszych prezentów, jakie możemy podarować naszym maluszkom, zapewniając im dzięki temu dobry start w dorosłość. Jeśli nauczymy je prawidłowych nawyków żywieniowych, zmniejszymy również ryzyko wystąpienia poważnych chorób cywilizacyjnych, takich jak otyłość, cukrzyca, choroby sercowo-naczyniowe, osteoporoza czy niektóre nowotwory. Wielu z nas nie zdaje sobie sprawy, jak ważny jest okres rozszerzania diety dziecka o produkty uzupełniające, kiedy dziecko nie je już mleka mamy i zaczyna jeść przygotowane przez nas posiłki. Struktura oraz różnorodność pokarmów będą zmieniać się wraz z wiekiem naszej pociechy. Ważne jest, aby odpowiednio dobierać rodzaj posiłku, jego wielkość oraz skład.

Jak zmieniają się potrzeby naszego dziecka w pierwszym roku życia?

→ W pierwszym roku życia nasz maluszek rozwija się bardzo dynamicznie, dlatego musimy mu dostarczyć odpowiedniej ilości składników odżywczych, składników mineralnych oraz witamin, aby zapewnić jego prawidłowy wzrost i rozwój. Ponieważ przez pierwsze 12 miesięcy życia dziecko jest praktycznie uzależnione od mleka matki, pamiętajmy, że karmiące mamy muszą stosować zbilansowaną i różnorodną dietę.

Do szóstego miesiąca życia dziecka najlepszym i wystarczającym pokarmem dla naszego dziecka jest właśnie mleko mamy. Zdrowe niemowlaki same ustalają swoje potrzeby i powinny być karmione wtedy, kiedy tego potrzebują. Często bywa tak, że w pierwszym półroczu życia naszego malucha karmimy go nawet kilkanaście razy na dobę. Między szóstym a dziewiątym miesiącem życia dziecko uczy się gryźć i żuć. W tym okresie pokarm mamy powinien pokrywać ok. 70% zapotrzebowania energetycznego, a pomiędzy dziewiątym a 11. miesiącem – już tylko 55%. Oznacza to, że od drugiego półrocza życia niezbędne jest rozszerzenie diety.

Często zadaje się pytanie – ile czasu dziecko powinno być karmione piersią?

➔ Jeśli jest to możliwe, minimalny czas karmienia dziecka piersią powinien wynosić sześć miesięcy. Specjaliści rekomendują kontynuację karmienia do końca pierwszego roku życia. Jeśli jednak matka i dziecko czują taką potrzebę, można kontynuować karmienie nawet w drugim czy trzecim roku życia, nie ma ku temu przeciwwskazań.

Co, jeśli nie możemy karmić piersią?

➔ Bywają sytuacje, w których nie możemy karmić naszego malucha. Nasz pediatra powinien dobrać wtedy najlepszą dla niego mieszankę mlekozastępczą. Warto również pamiętać, że w wielu miastach pojawiły się banki mleka kobiecego, gdzie mamy mogą podzielić się swoją mleczną nadwyżką. Warto omówić taki krok z lekarzem, bo nic nie jest w stanie zastąpić mleka mamy.

Kiedy nasza pociecha kończy roczek...

➔ Roczek to nie tylko symboliczny moment w życiu dziecka, to często również duża zmiana w sposobie jego odżywiania. Po ukończeniu 12. miesiąca życia dzieci powinny otrzymywać cztery do pięciu posiłków dziennie, z czego trzy posiłki (śniadanie, obiad i kolacja) to posiłki podstawowe, a jeden czy dwa to przekąski. Szacuje się, że do trzeciego roku życia dziecko powinno spożywać ok. 83 kcal na jeden kilogram masy ciała. W diecie malucha białko powinno dostarczać ok. 5–15% energii, tłuszcze – 35–40%, a węglowodany – 45–60%. Pamiętajmy również o tym, że głównym płynem w diecie powinna być zawsze woda.

JAK TO WYGLĄDA W PRAKTYCE? Aby zaspokoić zapotrzebowanie na makroskładniki, codzienna dieta malucha powinna zawierać cztery do pięciu porcji produktów białkowych (trzy porcje produktów mlecznych i jedna, dwie porcje mięsa, drobiu czy ryb), pięć porcji produktów zbożowych, pięć porcji warzyw, cztery porcje owoców oraz jedną–dwie porcje tłuszczów. Jak wygląda jedna porcja? Tego dowiecie się w kolejnych rozdziałach. ☺

Skąd wiemy, że nasze dziecko prawidłowo się rozwija?

→ Rozwój dziecka jest często bardzo indywidualną sprawą, choć istnieją pewne kamienie milowe, które informują nas o tym, czy nie odbiega on znacząco od normy. Takimi kamieniami milowymi są trzymanie grzechotki, unoszenie główki, siadanie czy chodzenie. Bardzo ważnym elementem oceny rozwoju dziecka są również siatki centylowe. Dzięki nim możemy monitorować jego rozwój fizyczny, odżywienie oraz ogólny stan zdrowia. Siatki centylowe zostały stworzone w celu porównania rozwoju naszego dziecka z rozwojem innych dzieci w tym samym wieku. Co to oznacza?

Siatki centylowe pokazują nam, ile procent dzieci rozwija się podobnie jak nasze. Mogą dotyczyć różnych cech, np. wzrostu, masy ciała czy BMI (wskaźnika uwzględniającego oba te czynniki). Na siatkach nanoszone są linie, które pokazują, jak dana cecha (np. masa ciała) zmienia się wraz z wiekiem. Jeśli nasze dziecko znajduje się w 20. centylu, to oznacza to, że 20% jego rówieśników ma mniejszą masę ciała, a 80% ma masę większą. Jeśli jednak dziecko jest np. w 99. centylu, to tylko 1% dzieci ma większą masę ciała i to powinno być sygnałem alarmowym. Większość norm uznaje trzeci centyl za dolną granicę normy, natomiast 97. centyl – za granicę górną. To jednak nie wszystko. Linie centylowe tworzą swego rodzaju korytarze, które pokazują nam, czy dana cecha rozwija się w sposób prawidłowy. Regularne pomiary dziecka pozwolą nam śledzić indywidualne tempo oraz tor rozwoju naszego malucha. Pamiętajmy również, że chłopcy i dziewczynki rozwijają się inaczej, dlatego siatki centylowe różnią się w zależności od płci dziecka. Poniżej możecie zobaczyć siatki centylowe masy ciała dla chłopców i dziewczynek od narodzin do trzeciego roku życia stworzone przez Światową Organizację Zdrowia (ang. WHO).

RYSUNEK 1. Siatka centylowa masy ciała dziewczynek do 36. miesiąca życia.

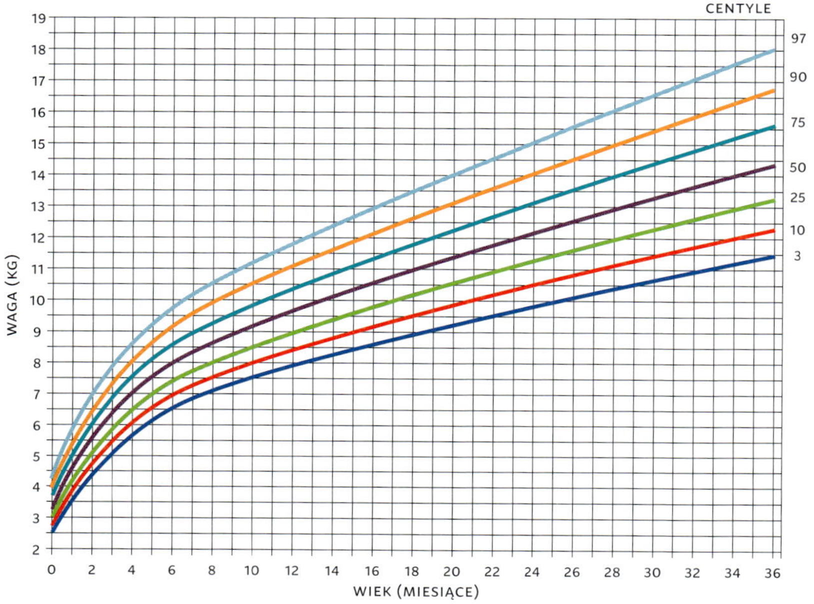

RYSUNEK 2. Siatka centylowa masy ciała chłopców do 36. miesiąca życia.

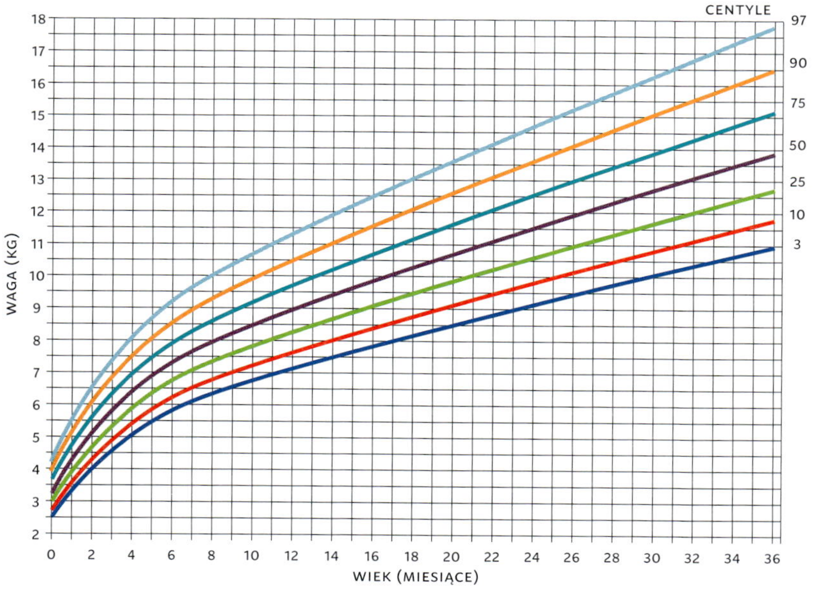

Jak zmienia się zapotrzebowanie na grupy składników odżywczych?

→ Twoje dziecko każdego dnia rozwija się bardzo intensywnie, pokonuje przeszkody, uczy się i odkrywa świat. Aby umożliwić mu jak najlepszy start, powinnaś zapewnić mu zróżnicowaną dietę, bogatą we wszystkie niezbędne składniki odżywcze, oraz nauczyć je zasad prawidłowego żywienia. Ważne jest również, aby poznać jego zapotrzebowanie na poszczególne składniki, które wraz z wiekiem zmienia się równie intensywnie, jak intensywnie rozwija się maluch.

1. **BIAŁKO.** Niemowlęta i dzieci do drugiego roku życia powinny otrzymywać taką ilość produktów białkowych, aby białko dostarczało 5–15% energii. U starszych dzieci podaż ta powinna być trochę większa: od 10 do 15% dostarczonej energii. Jak to wygląda w praktyce? Maluchy od pierwszego do trzeciego roku życia powinny przyjmować codziennie ok. 1,17 g białka na każdy kilogram masy ciała. U starszych dzieci to zapotrzebowanie wynosi ok. 1,1 g/kg masy ciała.

2. **WĘGLOWODANY.** Węglowodany powinny stanowić główny składnik energetyczny diety. Przyjmuje się, że dzieci od pierwszego roku życia muszą sobie dostarczyć ok. 45–65% energii z węglowodanów. Instytut Żywności i Żywienia wyznaczył również granicę ich minimalnego spożycia w celu zaspokojenia najważniejszych potrzeb metabolicznych. Niezależnie od wieku dziecka (pomijając niemowlęta), wynosi ona 130 g węglowodanów na dobę.

3. **TŁUSZCZE.** Drugim ważnym składnikiem energetycznym są tłuszcze. Dzieci od pierwszego do trzeciego roku życia 30–40% energii powinny otrzymywać z tłuszczów. W przypadku starszych dzieci i młodzieży wskaźnik ten trochę się obniża – do 20–35%. Ważne jest również, aby spożycie nasyconych kwasów tłuszczowych i tłuszczów trans było tak niskie, jak to tylko możliwe.

2

Rozszerzenie diety malucha

Wprowadzenie stałych produktów do diety niemowlaka jest bardzo istotne z punktu widzenia rosnącego zapotrzebowania na składniki odżywcze. Nowe produkty powinny być podawane dziecku po raz pierwszy w domu, a nie w żłobku czy na przykład w restauracji. Dlaczego? Gdyż to ważne, żebyśmy dobrze znali ich pochodzenie. Pamiętajmy, że wszystkie nowe składniki pożywienia muszą być wprowadzane pojedynczo i bardzo stopniowo, z zachowaniem kilkudniowych odstępów czasowych. Trzeba też przy tym uzbroić się w cierpliwość, bo maluch może zaakceptować nowy smak dopiero po wielu próbach jego podania lub go nie zaakceptować.

Kiedy zacząć rozszerzać dietę malucha?

➔ Rozszerzenie diety powinno zacząć się już w piątym–szóstym miesiącu życia (nie wcześniej niż w 17. tygodniu życia i nie później niż w 26. tygodniu).

Kolejność rozszerzania diety

➔ Rozszerzanie diety powinniśmy zacząć od warzyw, następnie, po dwóch tygodniach, dodać owoce. Kolejnym krokiem jest wprowadzenie produktów zbożowych, w tym zawierających gluten (między czwartym a siódmym miesiącem życia dziecka). Potem podajemy mięso, ryby, jaja i nabiał. Oprócz tych kilku zasad przy wprowadzaniu nowych produktów panuje pewna dowolność, ale nie warto opóźniać tego momentu. Poniżej przedstawiam moją propozycję schematu żywienia.

5.–6. MIESIĄC	Nowe produkty wprowadzaj pojedynczo Posiłek gładki, mocno rozdrobniony Warzywa Owoce Chude mięso drobiowe Jaja Kaszka ze zbóż glutenowych
7.–12. MIESIĄC	Nowe produkty wprowadzaj pojedynczo Mieszaj produkty już znane Posiłek średnio rozdrobniony
	Wprowadź trzy posiłki uzupełniające
	Ryby Nabiał Kasze Pieczywo Produkty mięsne

Co z mlekiem zwierzęcym?

→ Mleko krowie można wprowadzić do diety dziecka, gdy ukończy ono pierwszy rok życia. Zbyt wczesne podanie mleka niemodyfikowanego może spowodować obciążenie organizmu białkiem oraz wywoływać reakcje alergiczne. Nie polecam mleka krowiego i produktów nabiałowych, warto zastąpić je zamiennikami.

Mleko kozie lub owcze – zawiera wysokie stężenie soli mineralnych i niewielką zawartość kwasu foliowego i witamin. Jego podaż nie jest zalecana, szczególnie do ukończenia 12. miesiąca życia. Nie należy go stosować jako głównego źródła produktów mlecznych nawet u dzieci starszych, bo może wywołać niedokrwistość z niedoboru kwasu foliowego lub witaminy B_{12}.

Jeśli decydujemy się na wprowadzenie mleka zwierzęcego, to powinniśmy zwrócić uwagę na jego pochodzenie. Wybierajmy produkty najlepiej z hodowli ekologicznych, pasteryzowane – z krótszym terminem ważności.

Czy powinniśmy suplementować niemowlaki?

→ Nawet rozszerzenie diety niemowląt nie pozwoli zaspokoić zapotrzebowania na niektóre związki odżywcze. Do takich substancji należą: witamina D, kwas tłuszczowy DHA oraz witamina K. Jak je suplementować?

- kwas tłuszczowy DHA – 100 mg/dobę,
- witamina K – 25 ug/dobę do ukończenia trzeciego miesiąca życia,
- witamina D – do szóstego miesiąca życia – 400 IU, od szóstego do 12. miesiąca życia – 600 IU.

Miód w diecie niemowlaka

→ Pomimo że miód ma wiele właściwości prozdrowotnych, a ja sama jestem jego wielką zwolenniczką, rzetelne źródła wiedzy pokazują, że nie powinien być podawany dzieciom do 12. miesiąca życia (niektórzy uważają, że nawet dłużej). Po pierwsze, stanowi dodatkowe źródło cukrów prostych, po drugie zaś – może zawierać groźne dla zdrowia malucha przetrwalniki bakterii *Clostridium botulinum* (bakterii jadu kiełbasianego). Warto więc poczekać z jego wprowadzeniem.

3

10 zasad prawidłowego żywienia dziecka

1. **Zapewnij dziecku regularne posiłki.**
Regularne posiłki są bardzo istotne z punktu widzenia zarówno przyzwyczajeń żywieniowych, jak i prawidłowego funkcjonowania organizmu. Dziecko powinno jeść cztery–pięć posiłków dziennie, średnio co trzy–cztery godziny. Dobrym pomysłem jest przyzwyczajanie malucha do jedzenia w porach, kiedy je cała rodzina.

2. **Nie przedłużaj posiłków.**
Dzieci powinny mieć określony czas na spożycie posiłku. Dobrze, żeby trwał on do 30–40 minut. Wprowadzenie takiej zasady jest ważnym aspektem edukacji żywieniowej – dziecko powinno zrozumieć, że czas jedzenia ma swój początek i koniec. Nie powinniśmy też mocno rozpraszać naszej pociechy podczas posiłku (dotyczy to przede wszystkim dzieci starszych). Rodzice często to robią, np. włączając bajkę, żeby bezproblemowo nakarmić dziecko. Dzięki właściwym wzorcom umacniamy naturalne kształtowanie się stymulacji ośrodka głodu i sytości, jednocześnie zapobiegając rozwojowi nadwagi i otyłości.

3. **Nie panikuj, gdy dziecko się pobrudzi.**
Pamiętajmy o tym, że każdy wiek rządzi się swoimi prawami żywieniowymi – na początku dziecko dotyka jedzenia, je rączkami i jest, niestety, całe brudne. Takie doznania sensoryczne są istotne również z punktu widzenia rozwoju psychoruchowego. Nie odciągajmy malucha od posiłku, przebierając go od razu. Warto z tym poczekać, aż skończy (przecież i tak się ubrudzi…). Dodatkowo będzie to wzmocnieniem sygnału zakończenia jedzenia.

4. Wprowadzaj różnorodną dietę.

Zdaję sobie sprawę, że ten punkt może sprawić rodzicom najwięcej problemu. Cóż, nie zawsze nasz maluch ma apetyt, często też już od najmłodszych lat ma swoje upodobania żywieniowe i zawsze próbuje postawić na swoim. Musimy jednak pamiętać, że tylko urozmaicona dieta pozwoli na pokrycie zapotrzebowania na wszystkie składniki odżywcze, które są niezbędne do prawidłowego rozwoju dziecka. Powinniśmy próbować przemycać niektóre składniki, dodając je do kaszek czy zupek lub podawać problematyczne produkty w jak najbardziej atrakcyjnej formie. Nowe składniki warto też wprowadzać stopniowo, aby dziecko miało czas się do nich przyzwyczaić. Może się zdarzyć też tak, że czegoś nie polubi.

5. Staraj się nie dokarmiać dziecka między posiłkami.

Dokarmianie między podstawowymi posiłkami może rozwinąć u dziecka nawyk podjadania, co – szkodliwe samo w sobie – zmniejszy jego apetyt i rozreguluje pory posiłków podstawowych. Jeśli maluch będzie wiedział, że niedługo po obiedzie może zjeść swoją ulubioną przekąskę, to na talerzu na pewno pozostanie niechciany brokuł czy marchewka.

6. Wprowadzaj prawidłową higienę podczas posiłku.

Prawidłowa higiena posiłków nie odnosi się tylko do mycia rąk przed rozpoczęciem jedzenia. Pod tym pojęciem kryje się również prawidłowa postawa i skupienie przy jedzeniu. W tym czasie dziecko powinno się wyciszyć i skoncentrować.

7. Przyzwyczajaj dziecko do picia wody.

Podstawowym napojem w diecie naszej pociechy zawsze powinna być woda. Jeśli będziemy wdrażać tę zasadę od najmłodszych lat życia dziecka, zmniejszymy ryzyko wystąpienia u niego wielu chorób cywilizacyjnych, takich jak otyłość czy cukrzyca. Pamiętajmy o tym, że to nasze nawyki żywieniowe mają największy wpływ na ukształtowanie naszych pociech, dlatego warto wyeliminować także ze swojej diety słodzone napoje i przetworzone soki. Jeśli od czasu do czasu mamy ochotę na sok, zróbmy go sami i podzielmy się nim z naszym dzieckiem, pamiętajcie jednak, że soki należy podawać dzieciom w ograniczonych ilościach.

8. Ogranicz spożycie cukru.

Temat cukru w diecie najmłodszych jest zawsze bardzo trudny. Z jednej strony węglowodany proste powinny być ograniczone do minimum, z drugiej jednak nie możemy całkowicie uchronić dziecka przed słodkościami... Warto więc zachować rozwagę i wybierać zdrowe alternatywy, które osłodzą maluchom dzień. Do takich produktów należą np. owoce, które oprócz cukrów prostych zawierają również witaminy, związki mineralne oraz błonnik. Pamiętajmy jednak, że w ciągu dnia dziecko musi jeść znacznie więcej warzyw niż owoców.

9. Unikaj produktów przetworzonych.

Gotowe produkty dla dzieci czy półprodukty mogą zawierać wiele niekorzystnych substancji. Takie potrawy mają wiele konserwantów, cukrów prostych, soli oraz złych tłuszczów. Korzystanie z gotowych dań dla dzieci powinno się zdarzać tylko w wyjątkowych sytuacjach, takich jak wyjazdy bez możliwości korzystania z kuchni.

10. Suplementuj substancje, które trudno dostarczyć z dietą.

Niektóre składniki odżywcze, takie jak witamina D czy kwasy z rodziny omega-3 (głównie EPA i DHA), w diecie dziecka bardzo ciężko zbilansować. Warto więc sięgnąć po sprawdzone preparaty, które zapewnią prawidłowy rozwój naszych maluchów. O tym, jaką suplementację warto rozważyć, będę pisać w kolejnych rozdziałach.

4

Wzorcowy talerzyk

Tylko dobrze zbilansowana i zróżnicowana dieta zapewni dziecku prawidłowy rozwój. Jak w takim razie skomponować posiłek naszego malucha? Ważne jest, aby codziennie otrzymał on odpowiednią liczbę porcji z wszystkich grup produktów spożywczych. Co to znaczy? Oto „wzorcowy talerzyk", który pomoże zobrazować, ile porcji poszczególnych produktów potrzebuje nasza pociecha.

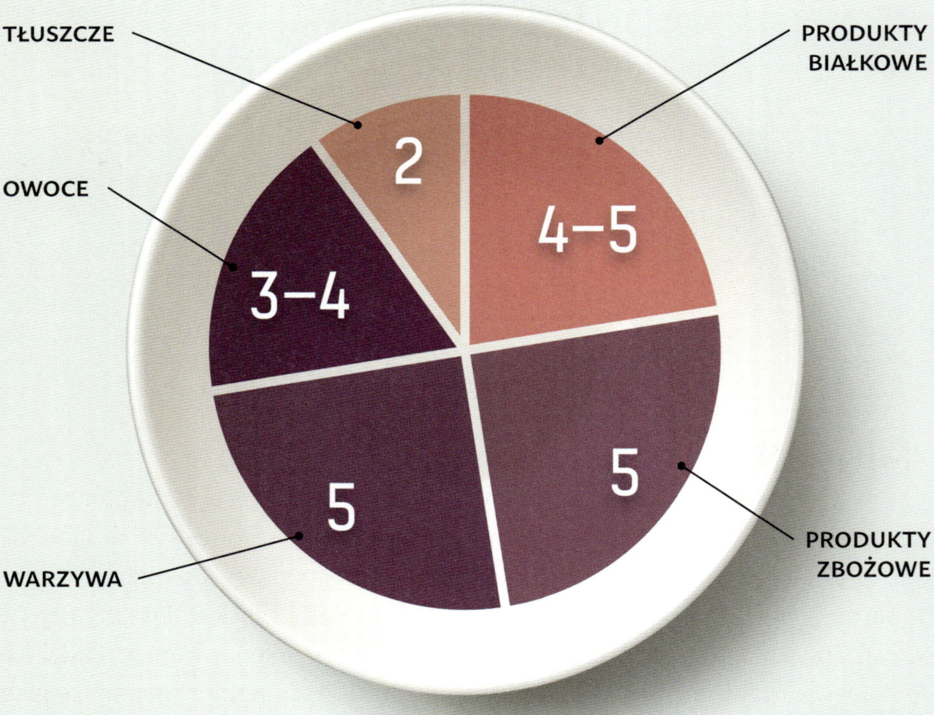

Wzorcowy talerzyk na podstawie zaleceń Instytutu Matki i Dziecka

Trzy porcje produktów mlecznych lub zamienników

→ Mleko i jego przetwory są bogate w wapń, który buduje kości i zęby naszej pociechy. Mniejsze dzieci (do trzeciego roku życia) powinny spożywać dwie porcje mleka i jedną porcję produktów mlecznych, takich jak sery, jogurty czy kefiry. Wraz z rozwojem dziecka powinniśmy rezygnować z mleka na rzecz produktów mlecznych. Pamiętajcie, że często dziecko pije mleko z przyzwyczajenia, chociaż jego organizm nie potrzebuje go w takich ilościach.

ILE TO JEDNA PORCJA?

Dwie porcje produktów pochodzenia zwierzęcego

→ Produkty mięsne oraz jaja stanowią bardzo ważną grupę składników odżywczych. Zawierają witaminy z grupy B i żelazo oraz stanowią źródło pełnowartościowego białka, ważnego z punktu widzenia budowy organizmu. Dzieci (i dorośli) powinny spożywać więcej chudego drobiu i ryb. Pamiętajmy też, że wysoko przetworzone produkty mięsne nie powinny być spożywane przez dzieci. Światowa Organizacja Zdrowia sklasyfikowała ich nadmierną konsumpcję jako szkodliwą dla zdrowia człowieka. Warto wybierać mięso wysokojakościowe, ze sprawdzonego źródła. Powinniśmy pilnować, żeby maluch chociaż raz albo dwa razy w tygodniu jadł tłuste ryby morskie z pewnego źródła (są źródłem dobrych tłuszczów, witaminy D i ważnych związków mineralnych). Często pada również pytanie, ile jajek tygodniowo możemy podać naszym najmłodszym. Od pierwszego roku życia – trzy, cztery sztuki.

PRZYKŁADY PORCJI PRODUKTÓW POCHODZENIA ZWIERZĘCEGO

Pięć porcji produktów zbożowych

→ Produkty zbożowe to przede wszystkim źródło węglowodanów (najważniejszego paliwa energetycznego dla aktywnego malucha), dlatego powinny być częścią każdego posiłku. To grupa bardzo różnorodna pod względem tego, jakich składników dostarcza. Kasze, ciemne pieczywo czy produkty razowe są źródłem węglowodanów złożonych, błonnika oraz niektórych witamin (z grupy B) i pierwiastków. Pieczywo jasne, biały ryż, dania z drobno mielonej mąki stanowią zaś źródło skrobi i szybciej dostarczają energii. W diecie dziecka powinny znaleźć się wszystkie rodzaje produktów zbożowych. Ważna jest ich różnorodność, tak aby z jednej strony dostarczyć wystarczającą ilość błonnika, a z drugiej – pokryć zapotrzebowanie na energię. Pięć porcji produktów zbożowych powinno zaspokoić wszystkie potrzeby malucha. Ile to jedna porcja?

ŚREDNIA KROMKA CHLEBA

PLACUSZEK Z MĄKI RYŻOWEJ

TRZY ŁYŻKI KASZY GRYCZANEJ

Pięć porcji warzyw

➔ Warzywa zawsze są trudnym tematem w planowaniu diety dziecka. Często zostają na talerzu w roli niechcianych resztek, choć wiemy, że to właśnie one powinny zniknąć jako pierwsze...

Nie będzie zaskoczeniem, gdy powiem, że każdy posiłek musi zawierać przynajmniej jedną ich porcję. Starajmy się wybierać sezonowe warzywa (i owoce), jeśli możemy – z hodowli ekologicznych. Warto też pamiętać, że, planując jadłospis malucha, można zamienić owoce na warzywa, ale nigdy odwrotnie. Dlaczego? Owoce, oprócz składników korzystnych dla zdrowia, zawierają również dużą ilość cukrów prostych, które, spożywane w nadmiarze, mogą powodować niekorzystne efekty. Wracając jednak do tematu warzyw, znowu musimy pamiętać o zasadzie różnorodności – im bardziej kolorowo na talerzu, tym lepiej. Pamiętajmy też, że dzieci biorą przykład z rodziców. Jeśli rodzice nie jedzą warzyw, trudno będzie namówić im do tego dzieci. Warzywa stanowią główne źródło witamin, związków mineralnych, antyoksydantów i błonnika. Różne kolory warzyw zawierają różne składniki odżywcze, co jest związane z tym, że duża część witamin i antyoksydantów to barwniki. Dobrym przykładem jest β-karoten (prekursor witaminy A), obecny we wszystkich warzywach pomarańczowych, czerwonych i żółtych.

Warto również pamiętać o ziołach i strączkach. Przyzwyczajajmy dzieci do ich smaku, tak aby w przyszłości na stałe zagościły w ich jadłospisach.

3–4 porcje owoców

→ Jak już wspominałam, owoce są źródłem wielu substancji prozdrowotnych oraz błonnika. Często pojawia się również pytanie, czy mogą być podawane w postaci soku. Mogą, ale nie zaleca się podawania dzieciom (szczególnie mniejszym) więcej niż jednej porcji soku dziennie. Całe owoce są zdecydowanie bogatsze w składniki odżywcze, więc jeśli przygotowujemy sok, niech będzie typu przecierowego, z ich cząstkami. Jedna jego porcja to ok. połowa szklanki. U starszych dzieci można zwiększać stopniowo porcje soku, ale warto dodać do niego warzywa. Przykładowe porcje owoców są przedstawione obok.

Dwie porcje tłuszczu

→ Tłuszcz jest bardzo ważnym składnikiem diety i nie należy go przesadnie unikać. Warto jednak wybierać tłuszcze nienasycone oraz masło. Oprócz energii dostarczają również ważnych witamin. Ograniczajmy produkty bogate w tłuszcze nasycone oraz tłuszcze trans. Wyjątkiem jest masło, które jest zalecane w diecie dzieci. Dieta dziecka powinna zawierać ok. dwie porcje tłuszczu dziennie.

Ile wody powinien pić nasz maluszek?

➔ Woda to składnik niezbędny do życia, pełni funkcje budulcowe, jest środowiskiem przemian metabolicznych, pomaga regulować temperaturę ciała. Jako rodzice powinniśmy zwracać uwagę na jej jakość oraz skład. Niemowlaki powinny pić wodę niskozmineralizowaną i niskosodową. Starszym dzieciom można podać wodę o wyższej mineralizacji, choć nie wysokozmineralizowaną. Ile w ciągu dnia powinno wypić dziecko? To zależy od wielu czynników, takich jak jego wiek, temperatura jego ciała czy temperatura otoczenia. Latem zapotrzebowanie na płyny wzrasta, podobnie się dzieje podczas gorączki czy biegunki. Pamiętajmy również, że dzieci tracą wodę szybciej niż dorośli, dlatego podczas choroby szczególnie trzeba dbać, by były odpowiednio nawodnione.

Według Instytutu Żywności i Żywienia zapotrzebowanie na wodę pochodzącą z napojów i produktów spożywczych u dzieci w różnych przedziałach wiekowych wygląda następująco:

- niemowlęta do 12. miesiąca życia: 700–1000 ml/dobę,
- dzieci w przedziale wiekowym 1–3 lata: ok. 1250 ml/dobę,
- dzieci w przedziale wiekowym 4–6 lat: ok. 1600 ml/dobę.

5

Suplementacja

Witamina D dla zdrowych kości – i nie tylko...

→ Witamina D jest niezmiernie ważna z punktu widzenia prawidłowego rozwoju dziecka. Odpowiada nie tylko za budowę kości i zębów, lecz także za rozwój układu nerwowego czy immunologicznego. Warto wiedzieć, że to przede wszystkim metabolity witaminy D odpowiadają za wchłanianie wapnia w jelitach. Jeśli nasze dziecko ma wystarczającą ilość wapnia w diecie, ale też ma zbyt niski poziom witaminy D, to i tak jest narażone na nieprawidłowy rozwój kostny, związany z brakiem tego składnika. Bilansowanie witaminy D jest zatem tak samo istotne, jak bilansowanie wapnia.

Ok. 90% tej witaminy (w tym przypadku – wit. D_3) powinno być syntetyzowane w skórze naszego malucha. Stosowanie kremów z filtrem i zbyt mała dawka słońca w okresie jesienno-zimowym powodują, że jej synteza skórna jest często niewystarczająca. W takim przypadku powinniśmy zwiększyć jej ilość w żywności. Niestety, niewiele produktów spożywczych zawiera witaminę D i pomimo że nasz maluch je zdrowe i zróżnicowane posiłki, nie jest w stanie dostarczyć tyle, ile mu potrzeba. Warto również podkreślić, że dzieci z nadmierną masą ciała mają zdecydowanie większe zapotrzebowanie na witaminę D niż ich rówieśnicy z prawidłową masą ciała.

Instytut Żywności i Żywienia podkreśla, że codzienna suplementacja tego składnika powinna zabezpieczyć dzieci przed skutkami niedoborów. W jakich dawkach suplementować?

- Niemowlęta do szóstego miesiąca życia: 400 IU,
  codziennie, niezależnie od sposobu karmienia.

- Niemowlęta od szóstego do 12. miesiąca życia: 600 IU/dobę, niezależnie od sposobu karmienia.
- Dzieci i młodzież (1–18 lat): 600–1000 IU/dobę przez cały rok.
- Dzieci i młodzież z nadmierną masą ciała: 1200–2000 IU/dobę przez cały rok. Zwiększenie dawki suplementacyjnej powinno odbywać się pod okiem lekarza lub dietetyka i być poprzedzone badaniami stężenia markera niedoboru witaminy D – 25-hydroksycholekalcyferolu (25-OH-D).

Czy warto suplementować witaminy i pierwiastki, które wspomagają rozwój kości, takie jak wapń, magnez czy witamina K?

Większość z tych związków można dostarczyć w odpowiednio zróżnicowanej diecie (wyjątkiem u małych dzieci może być witamina K, którą w pierwszych miesiącach życia podaje się razem z witaminą D). Jeśli jednak z jakiegoś powodu musimy wyeliminować z diety dziecka produkty bogate w te składniki, powinniśmy rozważyć ich suplementację w porozumieniu z lekarzem lub dietetykiem.

Kwasy tłuszczowe omega-3

→ Kolejnym niezbędnym składnikiem, który ciężko dostarczyć wyłacznie z dietą, są kwasy tłuszczowe z rodziny omega-3. Do najważniejszych jej przedstawicieli należą kwas α-linolenowy (ALA), kwas eikozapentaenowy (EPA) i kwas dokozaheksaenowy (DHA). Pierwszy z nich (ALA) to składnik olejów roślinnych, głównie rzepakowego oraz lnianego. Prawidłowa dieta dostarcza nam odpowiednią jego ilość (chociaż nie zawsze). Pozostałe kwasy – EPA i DHA – są obecne głównie w rybach morskich, których spożycie w Polsce jest bardzo niskie. Pełnią one bardzo ważną rolę metaboliczną. Wspomagają układ nerwowy, determinują poprawną odpowiedź immunologiczną i regulują przemiany makroskładników w organizmie, co zapewnia prawidłowy rozwój dziecka.

ILE KWASÓW OMEGA-3 POWINNIŚMY DOSTARCZYĆ Z ŻYWNOŚCIĄ?

- Spożycie ALA powinno utrzymywać się na poziomie 0,5% dostarczonej w diecie energii, niezależnie od wieku dziecka.

- Do drugiego roku życia malucha należy dostarczyć 100 mg/dobę DHA.
- U dzieci powyżej drugiego roku życia zaleca się spożywanie 250 mg/dobę EPA + DHA.
- Jeśli nie jesteśmy w stanie zapewnić dziecku wystarczającej ilości tych kwasów, musimy rozważyć ich suplementację.

Głównym źródłem witaminy D oraz kwasów EPA i DHA są ryby. Niestety, zanieczyszczenie środowiska powoduje, że nie wszystkie gatunki są bezpieczne dla nas i dla naszych dzieci. Warto wybierać ryby z wód czystych i hodowli ekologicznych, a przed zakupem – spytać sprzedawcę o pochodzenie produktu!

Poniżej przedstawiono tabelę z zawartościami witaminy D oraz EPA i DHA w rybach. Sprawdźcie, czy wasze dziecko spożywa wystarczającą ilość tych składników.

TABELA 1. Zawartość kwasów omega-3 i witaminy D w wybranych gatunkach ryb.

RYBA	WITAMINA D [ug*]/100 g	EPA [mg]/100 g	DHA [mg]/100 g	ALA [g]/100 g
Dorsz świeży	1	60	120	0
Flądra	0,8	200	160	0
Gładzica	0,8	320	160	0
Halibut	5	140	370	0,03
Karp	5	80	80	0,12
Łosoś	13	710	2150	0,55
Makrela	5	630	1120	0,25
Mintaj	0,1	60	120	0
Pstrąg strumieniowy	2,1	70	300	0,08
Pstrąg tęczowy	13,6	600	1760	0,15
Szczupak	0,9	60	170	0,05
Śledź	9,2	960	890	0,17
Tuńczyk	7,2	320	680	0,08

* 5 ug – 200 IU

6

Coś dla alergików

Alergie żywieniowe powodują konieczność eliminacji niektórych składników diety, co jest często bardzo trudne i wymaga wielu wyrzeczeń. Bywa również, że wraz z eliminacją niektórych produktów zmniejszamy ilość spożywanych niezbędnych składników pokarmowych i doprowadzamy do niedoborów.

Ten temat jest mi szczególnie bliski, dlatego chciałam zaproponować kilka rozwiązań, które – mam nadzieję – sprawdzą się również u was. Po pierwsze, musimy uświadomić sobie, jakie składniki odżywcze eliminujemy z diety dziecka wraz z produktami wywołującymi alergię. Po drugie, musimy znaleźć alternatywne źródła tych składników. Jeśli dziecko ma wiele różnych alergii, które wykluczają ważne produkty spożywcze, warto skonsultować się z dietetykiem, który zaproponuje odpowiedni model żywienia zabezpieczający naszą pociechę przed niedoborami. Musimy również wyedukować rodzinę i osoby, które mają kontakt z naszym maluchem. Pamiętajmy, że niektóre składniki (jak np. orzechy) wywołują silne reakcje alergiczne, czasami zagrażające życiu dziecka. Należy czytać etykiety gotowych produktów, a jeśli jemy w restauracji, uprzedzić kelnera, że nasze dziecko ma alergię – nawet jeśli zamawiane danie jest teoretycznie wolne od danego składnika, może on znaleźć się w nim przez przypadek. Poniżej przedstawiam tabelę z najczęstszymi alergenami i alternatywnymi źródłami eliminowanych składników odżywczych.

TABELA 2. Najczęstsze alergeny pokarmowe.

ALERGEN	CO POMIJAMY?	CO W ZAMIAN?
Mleko	Białko, wapń, fosforany, witaminy A, D, B2 i B12	Mięso, ryby, drób, jajka, żywność z dodatkiem wapnia i witaminy D, strączki, warzywa liściaste
Jaja	Białko, żelazo, witaminy z grupy B, witaminy A, D, E	Mięso, ryby, drób, strączki, produkty pełnoziarniste, warzywa z dużą zawartością żelaza, warzywa z dużą zawartością witaminy C (która pomaga wchłaniać żelazo)
Soja	Białko, witamina B1, B2, B6, wapń, cynk	Mięso, ryby, drób, jajka, żywność z dodatkiem wapnia, inne strączki (np. ciecierzyca), warzywa liściaste
Pszenica	Witaminy z grupy B	Produkty pełnoziarniste, inne zboża
Orzechy	Wielonienasycone kwasy tłuszczowe, witaminy, składniki mineralne	Produkty pochodzenia zwierzęcego, jaja, produkty pełnoziarniste, surowe owoce i warzywa

Kolejnym krokiem jest znalezienie zamienników, które będą smakować lub wyglądać podobnie jak produkty wykluczane, tak aby nasze dziecko nie musiało rezygnować ze swoich ulubionych potraw.

1. **MLEKO.** Krowie mleko łatwo zastąpić mlekiem roślinnym, które jest szczególnie polecane ze względu na walory smakowe, kolor i konsystencję. Inne produkty zawierające mleko, takie jak jogurty czy masło, również najlepiej zastąpić produktami roślinnymi. Pamiętajcie, że zarówno mleko roślinne (owsiane, ryżowe, migdałowe), jak i takiż jogurt możecie zrobić sami w domu. Jeśli wybieracie gotowe produkty, ważne, by były one wzbogacone wapniem i witaminą D. Jeżeli preferujecie wyroby domowe, pamiętajcie aby zwiększyć dziecku liczbę innych produktów bogatych w witaminę D, wapń i B_{12}.

2. **JAJKA.** Główny problem przy alergii na jajka polega na tym, że często nie wyobrażamy sobie pieczenia i gotowania bez tego składnika. Istnieje jednak kilka sposobów na poradzenie sobie z tym problemem. Do potraw słodkich zamiast jajek można użyć bananów czy musu jabłkowego. Dania wytrawne będą się również świetnie komponować z awokado, batatami, burakami, cukinią czy marchewką. Świeżo mielone siemię lniane czy babka płesznik pomogą nam zagęścić niektóre potrawy i pieczywo, a jeśli potrzebujemy ubić pianę – warto sięgnąć po wodę pozostałą z przygotowania ciecierzycy.

3. **PSZENICA.** Jak na pewno każdy z was wie, nie rekomenduję spożywania zbóż glutenowych, przede wszystkim pszenicy. W naszych sklepach dostępne są już produkty ze zbóż alternatywnych (kukurydzy, ryżu, amarantusa, owsa czy komosy ryżowej). Musimy jednak zwrócić uwagę, czy nie są zanieczyszczone pszenicą – dla alergików polecam zatem produkty z przekreślonym kłosem. Dostaniemy je już prawie w każdym sklepie.

7

Czy warto wybierać żywność bio?

Dużo osób zastanawia się, czy warto inwestować w żywność ekologiczną. Chciałabym przedstawić kilka argumentów, które pomogą wam podjąć decyzję. Niestety, zanieczyszczenie środowiska i stosowanie środków ochrony roślin (pestycydów) jest tak powszechne, że ich ślady są obecne niemalże w każdym produkcie, który spożywamy. Organizm dorosłego człowieka jest w stanie w pewnym stopniu poradzić sobie z tymi szkodliwymi związkami. Małe dzieci nie mają jeszcze do końca rozwiniętych systemów obronnych i kumulacja toksyn środowiskowych może zaburzyć ich rozwój.

Czy żywność bio jest wolna od zanieczyszczeń?

→ Nawet produkty z certyfikatem ekologicznym mogą zawierać pewną ilość zanieczyszczeń, ale będzie ich zdecydowanie mniej. Musimy również uważać na dostawców i pytać ich o certyfikat, bo tylko wtedy będziemy pewni, że kupujemy produkty ekologiczne.

Ważna jest edukacja

→ Wydaje mi się, że doszliśmy do momentu, w którym walka z zanieczyszczeniem środowiska powinna być priorytetem dla każdego mieszkańca naszej planety. Od tego zależy nie tylko zdrowie naszych dzieci i wnuków, lecz także cała nasza przyszłość. Warto zacząć od prostych rzeczy, segregacji śmieci, ograniczenia użycia plastiku czy promowania żywności ekologicznej wysokiej jakości. Jeśli ten aspekt będzie dla nas ważny, stanie się on również istotny dla sprzedawców i producentów.

Od najmłodszych lat warto też zapoznawać z tą ideą dzieci, bo to one są naszą przyszłością.

Jak usunąć pestycydy z warzyw i owoców?

Niezależnie od tego, czy wybierzecie żywność ekologiczną, czy nie, warto jest ograniczyć ilość spożywanych pestycydów. Jak to zrobić domowym sposobem? Zanieczyszczenia na powierzchni warzyw i owoców ciężko usunąć za pomocą zwykłego mycia pod bieżącą wodą. Jest jednak na to sposób. Wystarczy przez 10 minut moczyć je w roztworze octu, a następnie – w roztworze sody oczyszczonej. Oto przepis:

Pół szklanki octu na litr wody / dwie łyżki sody na litr wody – warzywa muszą być przykryte nią całkowicie.

8

Jak przekonać dziecko do jedzenia?

Brak apetytu dziecka spędza sen z powiek wielu rodzicom. Mam dla was kilka wskazówek, które mogą zachęcić malucha do jedzenia.

1. Trzymaj się stałych i regularnych pór posiłków. Przyzwyczajaj dziecko do trzech dań głównych i dwóch przekąsek, które są zawsze o tej samej porze. Nie pozwalaj na podjadanie między posiłkami.

2. Zaplanuj posiłki na dwa, trzy dni do przodu. Staraj się ustalić jadłospis, który będzie atrakcyjny zarówno dla dzieci, jak i dla dorosłych (jeśli to możliwe).

3. Jeśli dziecko nie chce zjeść obiadu, który wcześniej zaplanowałeś i który je cała rodzina, nie staraj się robić mu w zamian czegoś innego. Może to doprowadzić do sytuacji, w której będzie jadło tylko produkty, które najbardziej mu smakują, a które nie są w pełni odżywcze.

4. Staraj się nie poganiać dziecka i nie komentować sposobu jego jedzenia. Jeśli będziesz zbyt mocno naciskać, żeby zjadł któryś ze składników, skutek może być odwrotny.

5. Gdy wprowadzasz nowe produkty do diety dziecka, rób to powoli i zawsze w atrakcyjnej formie – np. w połączeniu z daniem, które bardzo lubi.

6. Ogranicz spożycie cukrów prostych i zamień je na węglowodany złożone. Dają one uczucie sytości od posiłku do posiłku.

7. Staraj się nie podawać dzieciom zbyt wiele soków czy innych słodzonych napojów – one również dadzą poczucie sytości i mogą spowodować, że maluch opuści pełnowartościowy posiłek.

8. Bądź przykładem dla swoich dzieci – jeśli one nie mogą podjadać, to ty również nie powinieneś.

9. Bądź kreatywny w robieniu posiłków – nadaj daniom kolor i kształt, który zachęci malucha do jedzenia.

10. Staraj się, aby dziecko było skupione na swoim posiłku, nie rozpraszaj go, nie włączaj mu bajki podczas posiłku. Małe dzieci bawią się jedzeniem, co jest również oznaką zainteresowania posiłkiem i stanowi normalny etap ich rozwoju psychoruchowego.

9

U mnie się sprawdziło...

Metoda BLW (ang. *Baby Led Weaning*)

→ Chciałam wam przedstawić metodę żywienia małych dzieci, którą polecam i która sprawdziła się również u mnie. Metoda BLW, czyli sposób karmienia sterowany przez dziecko, to nowatorskie podejście do sposobu żywienia niemowlaka, który pomija etap karmienia łyżeczką. Ważne jest, aby wprowadzenie tej metody nie było zbyt wczesne – dziecko musi pewnie siedzieć, co następuje po szóstym–siódmym miesiącu życia. W praktyce BLW oznacza, że nasz maluch nie spożywa pokarmów o konsystencji papki, tylko od razu dosłownie sięga po takie, które może chwycić rączką. Na początku je palcami, a kiedy jest gotowy – zaczyna używać sztućców. Należy podawać maluszkowi różnorodne pokarmy w przystępnej formie, pokrojone na talarki lub ćwiartki.

Uwaga! Przy wprowadzaniu tej metody nie należy odstępować od karmienia piersią lub stosowania mleka zastępczego.

JAK ROZPOZNAĆ, ŻE DZIECKO JEST GOTOWE NA BLW?

- Skończyło 6 miesięcy,
- Siedzi stabilnie i nie chwieje się na boki,
- Wykazuje zainteresowanie różnorodnymi produktami,
- Celnie trafia rączką do buzi,
- Nie wypycha jedzenia z buzi, tylko stymuluje proces gryzienia.

Jedzenie to niesamowita przyjemność, a dzięki metodzie BLW nasz maluch ma możliwość uczestniczenia w tym procesie wszystkimi zmysłami. To dla niego wspaniałe doświadczenie! Pamiętajmy jednak, żeby nigdy nie zostawiać dziecka samego, gdyż grozi to zachłyśnięciem! Sama nie byłam na początku przekonana do tej metody, karmiłam córkę domowymi papkami z warzyw, owoców, białka zwierzęcego, jajka, gotowałam zdrowe warzywne zupki i dodawałam do nich zdrowe tłuszcze. Jedzenie w całości podawałam do „zabawy" i obserwowałam, co moje dziecko wyczynia choćby z brokułem. Myślę, że ten sposób świetnie sprawdzi się u dzieci, które potrafią już gryźć – u mnie wtedy właśnie sprawdził się najlepiej. Oczywiście, to wy, drodzy rodzice, zdecydujecie, co waszym zdaniem jest najlepsze dla waszych pociech.

Przepisy

Zupa z młodych jarzyn

(OD 5.–6. MIESIĄCA ŻYCIA)

2 PORCJE

- 1 młoda marchew
- 1 pietruszka
- ⅓ selera
- 3 młode ziemniaki
- 1 mała cukinia
- ½ szklanki groszku zielonego
- 1 szklanka domowego bulionu mięsnego
- posiekany koperek
- liść laurowy
- sól morska i pieprz do smaku

Marchew, pietruszkę, seler, ziemniaki i cukinię umyć, obrać i pokroić w kostkę. Do bulionu dodać liść laurowy, oraz warzywa i ugotować do miękkości (cukinię dodać ostatnią). Dodać posiekany koperek. Całość zmiksować po wyjęciu liścia laurowego (im dziecko starsze, tym warzywa mogą być mniej rozdrobnione). Podawać ciepłą.

Purée z batatów

(OD 5.–6. MIESIĄCA ŻYCIA)

1 PORCJA

- 200 g batatów
- 10 g masła klarowanego ghee

Bataty umyć, obrać, pokroić w kostkę i ugotować do miękkości, a następnie zblendować z dodatkiem masła.

Purée z cukinii

(OD 5.–6. MIESIĄCA ŻYCIA)

3 PORCJE

- 500 g cukinii

Cukinię umyć, obrać, pokroić w kostkę i poddusić do miękkości, a następnie zblendować.

Purée z marchwi

(OD 5.–6. MIESIĄCA ŻYCIA)

2 PORCJE

- **400 g marchwi**

Marchew umyć, obrać, pokroić w kostkę i ugotować do miękkości lub upiec, a następnie zblendować.

Purée z dyni

(OD 5.–6. MIESIĄCA ŻYCIA)

3 PORCJE

- **500 g dyni**

Dynię umyć, obrać, pokroić w kostkę i upiec lub ugotować do miękkości, a następnie zblendować.

Purée z dyni i ziemniaków

(OD 5.–6. MIESIĄCA ŻYCIA)

2 PORCJE

- 120 g ziemniaków
- 120 g dyni
- ½ łyżeczki oliwy z oliwek

Umyte, obrane i pokrojone w kostkę warzywa ugotować do miękkości, a następnie zblendować z dodatkiem oliwy.

Purée z ziemniaków i marchwi

(OD 5.–6. MIESIĄCA ŻYCIA)

2 PORCJE

- 120 g ziemniaków
- 120 g marchwi
- ½ łyżeczki oliwy z oliwek

Umyte, obrane i pokrojone w kostkę warzywa ugotować do miękkości, a następnie zblendować z dodatkiem oliwy.

Purée z marchwi, cukinii i ziemniaków

(OD 5.–6. MIESIĄCA ŻYCIA)

2 PORCJE

- 80 g ziemniaków
- 80 g marchwi
- 80 g cukinii
- ½ łyżeczki oliwy z oliwek

Umyte, obrane i pokrojone w kostkę warzywa ugotować do miękkości, a następnie zblendować z dodatkiem oliwy.

Purée warzywne

(OD 5.–6. MIESIĄCA ŻYCIA)

1 PORCJA

- ok. 60 g ziemniaków
- 120 g marchwi
- 1 liść sałaty
- 1 łyżeczka masła klarowanego ghee

Ziemniaki i marchew umyć, obrać, pokroić w kostkę i ugotować do miękkości. Następnie dodać masło klarowane ghee oraz liść sałaty i zblendować.

Przecier z jabłka, gruszki i banana

(OD 5.–6. MIESIĄCA ŻYCIA)

2 PORCJE

- 70 g jabłka
- 70 g gruszki
- ½ banana

Jabłko i gruszkę umyć, pozbawić gniazd nasiennych, obrać i pokroić. Dodać banana i dokładnie zblendować.

Mus jabłkowo-gruszkowy

(OD 5.–6. MIESIĄCA ŻYCIA)

1 PORCJA

- **80 g jabłka**
- **80 g gruszki**

Owoce umyć i usunąć z nich gniazda nasienne. Następnie owoce obrać, ugotować i dokładnie zblendować.

Dżem domowy z jabłek

(OD 5.–6. MIESIĄCA ŻYCIA)

- 2 kg jabłek
- wanilia
- cynamon (wedle uznania)
- sok z ½ cytryny
- cukier kokosowy do smaku
- 1 szklanka wody

Jabłka umyć, obrać i pozbawić gniazd nasiennych. Pokroić owoce w kostkę, zalać wodą, dodać przyprawy oraz sok z cytryny i dusić przez ok. 15 minut do miękkości, mieszając od czasu do czasu. Odlać wodę i dodać cukier kokosowy do smaku. Całość zblendować lub dokładnie rozgnieść widelcem. Na koniec dodać cynamon. Przełożyć do pojemniczka i przechowywać w lodówce.

Wywar z warzyw

(OD 6. MIESIĄCA ŻYCIA)

5–6 PORCJI

- 1 marchew
- 1 mała cebula
- ½ pietruszki
- mały kawałeczek selera (ok. ⅛ bulwy)
- 1 l wody
- 1 liść laurowy

Warzywa umyć, obrać, pokroić w kostkę, dodać liść laurowy i gotować przez ok. 30 minut. Odlać wywar przez sitko i wykorzystywać jako podstawę do innych potraw lub podawać na ciepło jako zupkę.

Sok z marchwi

(OD 5.–6. MIESIĄCA ŻYCIA)

2 PORCJE

- **3 marchewki**
- **1 łyżeczka oliwy z oliwek**
- **przegotowana woda do rozcieńczenia**

Z marchewek wycisnąć sok w sokowirówce lub wyciskarce, następnie dodać oliwę i trochę wody.

Krem z cukinii

(OD 6. MIESIĄCA ŻYCIA)

- 100 g cukinii
- 80 g marchwi
- 80 g ziemniaka
- 100 ml wywaru z warzyw

Cukinię, ziemniaki i marchew umyć, obrać i ugotować do miękkości. Następnie zblendować na krem z wywarem warzywnym.

Kurczak z cukinią

(OD 6. MIESIĄCA ŻYCIA)

2 PORCJE

- 60 g marchwi
- 50 g ziemniaków
- 50 g cukinii
- 30 g filetu z piersi z kurczaka
- 1 łyżka masła klarowanego ghee

Mięso dokładnie umyć. Warzywa umyć i obrać. Mięso i warzywa pokroić w kostkę i ugotować do miękkości. Wszystko zblendować na papkę wraz z masłem klarowanym ghee.

Pietruszkowe purée z ziemniakami

(OD 6. MIESIĄCA ŻYCIA)

1 PORCJA

- **80 g ziemniaków**
- **¼ pęczka świeżej natki pietruszki**
- **1 łyżka masła klarowanego ghee**

Natkę pietruszki zblanszować. Ziemniaki umyć, obrać i ugotować do miękkości. Dodać natkę pietruszki i zblendować z masłem klarowanym ghee.

donebydeer

Zupa krem z batatu, marchwi i pomidorów

(OD 6. MIESIĄCA ŻYCIA)

2–3 PORCJE

W chłodne dni warto rozgrzać organizm, sięgając po ciepłą zupę. Oto krem batatowo-marchewkowo--pomidorowy. Nie tylko zdrowy, ale również pyszny.

- **3 pomidory**
- **3 marchewki**
- **½ batatu**
- **½ korzenia pietruszki**
- **¼ cebuli**
- **1 ząbek czosnku**
- **1 łyżeczka masła klarowanego ghee**
- **1 szczypta soli morskiej**
- **kilka liści świeżej bazylii**

Pomidory sparzyć wrzątkiem. Pozostałe warzywa umyć i obrać, pokroić w kostkę. W garnku rozgrzać masło klarowane ghee, dodać cebulę, wyciśnięty w prasce czosnek i podsmażyć. Dodać pozostałe warzywa pokrojone w kostkę, dolać wody, tak aby przykryć wszystkie warzywa. Dodać przyprawy i gotować do miękkości. Pod koniec gotowania dodać świeżą bazylię i zblendować.

Kurczak z koprem włoskim

(OD 6. MIESIĄCA ŻYCIA)

2 PORCJE

- 60 g marchwi
- 50 g ziemniaków
- 50 g kopru włoskiego
- 30 g filetu z piersi kurczaka
- 1 łyżka masła klarowanego ghee

Mięso dokładnie umyć. Marchew i ziemniaki umyć i obrać, a koper przepłukać. Mięso, ziemniaki i marchew pokroić w kostkę i gotować do miękkości z koprem. Wszystko zblendować na papkę wraz z masłem klarowanym ghee.

Cielęcina z cukinią

(OD 6. MIESIĄCA ŻYCIA)

2 PORCJE

- **40 g cielęciny**
- **160 g cukinii**
- **1 łyżeczka masła klarowanego ghee**

Mięso dokładnie umyć, a cukinię umyć i obrać. Ugotować cielęcinę w wodzie do miękkości, osobno ugotować cukinię. Mięso i cukinię zmiksować, dodając masło klarowane ghee.

Cielęcina z ryżem i marchwią

(OD 6. MIESIĄCA ŻYCIA)

2 PORCJE

- **40 g cielęciny**
- **20 g ryżu**
- **1 niewielka marchew**
- **kawałek kopru włoskiego**
- **1 łyżeczka masła klarowanego ghee lub oliwy z oliwek**

Mięso dokładnie umyć. Marchew umyć i obrać, a koper przepłukać. Ugotować marchew, koper włoski i cielęcinę do miękkości. Osobno ugotować ryż. Wszystkie składniki zblendować razem i dodać masło klarowane ghee lub oliwę z oliwek.

Mus jabłkowy

(OD 6. MIESIĄCA ŻYCIA)

2 PORCJE

- **3 jabłka**
- **1 szczypta cynamonu**

Jabłka umyć i pozbawić gniazd nasiennych. Następnie obrać je i zetrzeć na tarce. Dusić w niewielkiej ilości wody ze szczyptą cynamonu, aż osiągną konsystencję musu.

Owsianka z gruszką i bananem

(OD 6. MIESIĄCA ŻYCIA)

1 PORCJA

- 70 g gruszki
- 30 g banana
- 20 g płatków owsianych
- 1 łyżeczka oliwy z oliwek
- 100 ml wody

Płatki owsiane zalać na noc wodą. Następnego dnia gotować je przez ok. 10 minut z dodatkiem startej gruszki i pokrojonego banana. Dodać oliwę i wszystko zblendować.

Owsianka z jabłkiem i bananem

(OD 6. MIESIĄCA ŻYCIA)

1 PORCJA

- 50 g jabłka
- 80 g banana
- 20 g płatków owsianych
- 100 ml wody
- 1 łyżeczka masła klarowanego ghee

Płatki owsiane zalać na noc wodą. Następnego dnia gotować je przez 10 minut z dodatkiem pokrojonego banana. Jabłko (umyte, obrane i pozbawione gniazda nasiennego) najlepiej ugotować w osobnym rondelku, ponieważ wymaga dłuższego gotowania. Dodać masło klarowane ghee i wszystko zblendować.

Kisielek domowy

(OD 6. MIESIĄCA ŻYCIA)

4 PORCJE

- **6 słodkich jabłek**
- **1 szklanka wiśni bez pestek (malin lub truskawek)**
- **2 łyżki mąki ziemniaczanej**

Wycisnąć sok z jabłek. Do garnka włożyć wiśnie, wlać sok i gotować. Kiedy będą miękkie, dodać powoli mąkę ziemniaczaną i wolno mieszać. Gotować do momentu uzyskania konsystencji kisielu.

To samo można zrobić z malinami czy truskawkami. ☺

DEAR SOPHIE

Sok z malin

(OD 6. MIESIĄCA ŻYCIA)

1 PORCJA

- **100 g malin**
- **przegotowana woda do rozcieńczenia**

Maliny wycisnąć w sokowirówce lub wyciskarce. Rozcieńczyć odrobiną przegotowanej wody.

Kisielek owocowy

(OD 6.–7. MIESIĄCA ŻYCIA)

1 PORCJA

- **1 jabłko lub 1 gruszka**
- **1 szklanka wody**
- **1 łyżeczka mąki ziemniaczanej**

Jabłko lub gruszkę umyć i pozbawić gniazd nasiennych. Następnie obrać i pokroić w kostkę. Włożyć owoc do garnka i zalać 50 ml wody. Gotować do miękkości. Zblendować owoc i gotować dalej. Mąkę ziemniaczaną dodać do reszty wody i wymieszać, następnie wlać do musu owocowego, wolno mieszając. Gotować do uzyskania masy o konsystencji kisielu.

Purée batatowo-kalafiorowe

(OD 7. MIESIĄCA ŻYCIA)

1 PORCJA

- 100 g kalafiora
- 50 g batatu
- 1 łyżka masła klarowanego ghee
- natka pietruszki (opcjonalnie)

Batat umyć i obrać. Kalafiora umyć i podzielić na różyczki. Warzywa ugotować i zblendować z masłem klarowanym ghee. Przed blendowaniem można dodać świeżą natkę pietruszki.

Purée z cukinii, batatów i pora

(OD 7. MIESIĄCA ŻYCIA)

2 PORCJE

- 150 g batatów
- 100 g cukinii
- 20 g białej części pora

Bataty oraz cukinię umyć i obrać. Pora umyć. Warzywa ugotować do miękkości i zblendować.

Mięso z kalafiorem i batatem lub ziemniakami

(OD 7. MIESIĄCA ŻYCIA)

2 PORCJE

- 40 g mięsa z drobiu
- 2 różyczki kalafiora
- 100 g batatu lub ziemniaków
- 1 łyżeczka masła klarowanego ghee

Mięso dokładnie umyć. Batat lub ziemniaki umyć i obrać, a kalafiora przepłukać. Wszystko ugotować na parze i zblendować z dodatkiem masła klarowanego ghee.

Sos pomidorowy

(OD 7. MIESIĄCA ŻYCIA)

- 200 g pomidorów
- 2 łyżki oliwy z oliwek
- 1 szczypta oregano / bazylii

Pomidory umyć i obrać ze skóry. Pokrojone pomidory dusić na oliwie z oliwek z dodatkiem wody na wolnym ogniu. Przyprawić oregano i / lub bazylią.

Papka z awokado, banana i kaszy jaglanej

(OD 7. MIESIĄCA ŻYCIA)

1 PORCJA

- **½ banana**
- **¼ awokado**
- **2 łyżki kaszy jaglanej lub płatków jaglanych**
- **1 łyżeczka masła klarowanego ghee**

Kaszę dokładnie przepłukać bieżącą wodą i ugotować. Następnie dodać rozgniecionego widelcem banana, chwilę podgotować i dodać łyżeczkę masła klarowanego ghee. Poczekać, aż masa trochę wystygnie. Na wierzch położyć awokado i rozgnieść widelcem, a następnie dokładnie wszystko wymieszać.

Sok z winogron

(OD 7. MIESIĄCA ŻYCIA)

2–3 PORCJE

- **1 duża kiść winogron (ok. 500 g)**
- **przegotowana woda do rozcieńczenia**

Winogrona umyć, obrać ze skórki i pozbawić pestek. Do miąższu dodać odrobinę przegotowanej wody i zblendować.

Zupa zdrowia – krupnik z kaszą jaglaną dla całej rodziny

(OD 7.–8. MIESIĄCA ŻYCIA)

OK. 10 PORCJI

- 2 litry domowego rosołu / bulionu
- włoszczyzna: 4 marchewki, kawałek selera, 2 pietruszki, 1 por
- 3 ziemniaki średniej wielkości
- 100 g kaszy jaglanej
- 5 ziaren ziela angielskiego
- 2 liście laurowe
- 1 łyżeczka octu jabłkowego
- 1 łyżeczka majeranku
- 1 łyżeczka pieprzu czarnego
- 1 łyżeczka soli morskiej

Do rosołu / bulionu dodać kaszę jaglaną, doprawić i gotować do miękkości. Warzywa umyć, obrać, pokroić w kostkę, ugotować i dodać do zupy.

Łatwe? No pewnie!

Oto przepis na klopsiki – danie łatwe i szybkie w przygotowaniu, a równocześnie bardzo smaczne. Przygotowałam klopsiki na parze, a wykorzystałam do nich mięso drobiowe. Pamiętaj jednak, aby mięso kupować ze sprawdzonego źródła.

Lekkie klopsiki na parze

(OD 7.–8. MIESIĄCA ŻYCIA)

OK. 10 SZTUK

- **500 g mięsa drobiowego**
- **80 g cukinii**
- **1 jajko**
- **1 ząbek czosnku**
- **½ cebuli**
- **4 łyżki posiekanej pietruszki**
- **2 łyżki posiekanego koperku**
- **3 łyżki mąki kokosowej**
- **1 szczypta lubczyku**
- **1 szczypta tymianku**
- **1 szczypta soli morskiej**
- **1 szczypta czarnego pieprzu**

Mięso dobrze umyć i zblendować. Na patelni na oleju kokosowym poddusić wyciśnięty w prasce czosnek i posiekaną cebulę.
Do pojemnika miksera włożyć mięso, jajko, mąkę kokosową, przyprawy, czosnek z cebulą i startą cukinię. Po zmiksowaniu uformować klopsiki i parować przez ok. 17 minut w parowarze.

DEAR SOPHIE

Parowany halibut z zielonym purée

(OD 7.–8. MIESIĄCA ŻYCIA)

Uwielbiam halibuta. Ma delikatny kremowy smak. Dodatkowo szybko się go przyrządza, więc jeśli masz dostęp do świeżych filetów, koniecznie skorzystaj z tego przepisu.

3 PORCJE

- **150 g filetu z halibuta**
- **100 g zielonego groszku**
- **100 g brokułów**
- **1 limonka**
- **2 łyżki oleju kokosowego**
- **1 łyżeczka sezamu**
- **sól morska**
- **czarny pieprz**

Rybę umyć, umieścić w parowarze lub na sitku nad garnkiem z wodą. Doprawić solą morską i pieprzem. Parować pod przykryciem. Brokuł podzielić na małe różyczki i razem z groszkiem włożyć do parowaru (lub ugotować w garnku). Kiedy warzywa będą miękkie, dodać 1 łyżeczkę oleju kokosowego, sól i pieprz i zetrzeć na purée. Podawać halibuta skropionego sokiem z limonki, posypanego sezamem, z dodatkiem zielonego purée.

Halibut na parze z warzywami

(OD 7.–8. MIESIĄCA ŻYCIA)

3 PORCJE

- 150 g filetu z halibuta
- 1 młoda cukinia
- kilka młodych kolorowych marchewek
- kilka łodyg szparagów
- 2 łyżki oliwy z oliwek
- po 1 szczypcie: soli morskiej, tymianku i czarnego pieprzu

Rybę dokładnie umyć, przełożyć do miski, dodając oliwę z oliwek i przyprawy, i odstawić na chwilę, żeby się zamarynowała. Warzywa dokładnie umyć, oderwać zdrewniałe końcówki szparagów, a następnie pokroić cukinię i marchewkę w talarki. Wszystko włożyć do pojemnika na parę. Parować przez ok. 20 minut, dodać oliwę z oliwek i gotowe.

Placki warzywne
(do lunchboxa)

(OD 7.–8. MIESIĄCA ŻYCIA)

6–8 SZTUK

- 3 łyżki ugotowanej kaszy gryczanej niepalonej
- 1 mały ugotowany batat
- 1 jajko
- 5 różyczek brokułu
- ½ cukinii
- 1 łyżka mąki kokosowej lub ziemniaczanej
- 1 łyżka masła klarowanego ghee do smażenia

Wszystkie składniki (z wyjątkiem masła) rozgnieść widelcem i dobrze wymieszać. Rozpuścić masło klarowane ghee na patelni i smażyć placuszki na małym ogniu.

mon amour

Krem z buraków

(OD 8. MIESIĄCA ŻYCIA)

3–4 PORCJE

- 1 kg buraków
- 3 łyżki oliwy z oliwek
- sól morska
- woda

Ugotować w wodzie buraki ze skórką, potem obrać, pokroić na małe kawałki i podsmażyć na oliwie. Następnie zalać wodą tak, by je przykryła, i zblendować. Doprawić solą morską.

Lekkie klopsiki na parze i frytki z batatów

(OD 8. MIESIĄCA ŻYCIA)

OK. 15 SZTUK KLOPSIKÓW

Zastanawiasz się, jak przygotować smaczny i kompletny posiłek dla swojego maluszka? Proszę bardzo. Oto przepis na dwuskładnikowe zdrowe danie, które z pewnością polubi każde dziecko i każdy dorosły!

Dzieci lubią jeść to, co chrupie! Nie musisz odmawiać małemu brzuszkowi frytek. Wystarczy, że przygotujesz je w zdrowej wersji z batatów. Nie dość, że są pyszne, to dodatkowo przemycają do małego organizmu cenne antyoksydanty, takie jak β-karoten. Do frytek z batatów proponuję lekkie pulpeciki na parze. Przygotujesz je szybko z mięsa drobiowego. Pamiętaj tylko, aby mięso, które podajesz maluszkowi, pochodziło ze sprawdzonego źródła.

To posiłek w sam raz na letnie dni. Lekki, kolorowy i smaczny!

KLOPSIKI

- 500 g mięsa drobiowego
- 80 g cukinii
- 1 jajko
- ½ cebuli
- 4 łyżki posiekanej pietruszki
- 2 łyżki posiekanego koperku
- 3 łyżki mąki kokosowej
- 1 ząbek czosnku
- 1 szczypta lubczyku
- 1 szczypta tymianku
- 1 szczypta soli morskiej
- 1 szczypta czarnego pieprzu

Mięso umyć i zblendować. Na patelnię wlać olej kokosowy i poddusić na nim wyciśnięty w prasce ząbek czosnku i posiekaną cebulę. Następnie włożyć do miksera przygotowane mięso, jajko, mąkę kokosową, przyprawy, podduszone czosnek i cebulę i startą cukinię. Po zmiksowaniu uformować z masy pulpeciki i gotować je na parze przez ok. 17 minut.

FRYTKI

- 1 duży batat
- 1 szczypta oregano
- 1 szczypta tymianku
- 1 szczypta soli morskiej
- odrobina oliwy z oliwek

Bataty pokrój w słupki, skrop oliwą i lekko dopraw przyprawami. Piecz w piekarniku nagrzanym do temperatury 170°C przez ok. 30 minut.

Mięso mielone z duszonym bakłażanem

(OD 8. MIESIĄCA ŻYCIA)

5 PORCJI

- 200 g mięsa mielonego (np. wołowego lub cielęcego)
- 1 średniej wielkości bakłażan
- ½ szklanki mrożonej kukurydzy
- ½ szklanki sosu pomidorowego (przepis na stronie 90)
- 3 łyżki oliwy z oliwek
- 1 szczypta soli morskiej
- przegotowana woda

Umyć i obrać bakłażan, pokroić w kostkę. Na patelni rozgrzać oliwę, wrzucić bakłażan, poprószyć solą morską i dusić pod przykryciem, po kilku minutach podlać delikatnie przegotowaną wodą, dodać kukurydzę i dusić przez kilka minut, aż warzywa będą miękkie.

Na osobnej patelni rozgrzać oliwę, dodać mięso mielone (dodać można ulubione przyprawy, np. odrobinę soli morskiej, tymianek, bazylię), podsmażyć mięso. Dodać sos pomidorowy oraz warzywa i dusić przez ok. 15 minut na małym ogniu.

Dziecku od 12. miesiąca życia można podać je z naleśnikami z mąki kasztanowej – smakuje wyśmienicie.

Spaghetti bolognese dla dzieci

(OD 8. MIESIĄCA ŻYCIA)

2 PORCJE

- 200 ml wywaru z warzyw
- 1 pomidor
- 80 g marchwi
- 10 g wołowiny
- kilkanaście nitek spaghetti (ok. 15 g)
- szczypta bazylii

Ugotować makaron w nieosolonej wodzie. Warzywa dokładnie umyć. Pomidory sparzyć i obrać ze skórki, a następnie zetrzeć na tarce lub pokroić drobno w kostkę. Marchew zetrzeć na tarce. Na rozgrzaną oliwę wrzucić wołowinę oraz bazylię i dusić, podlewając wodą, następnie dodać marchew i pomidora. Podawać z makaronem.

Kopytka jaglane

(OD 8. MIESIĄCA ŻYCIA)

OK. 4 PORCJE

- 200 g kaszy jaglanej
- ¾ szklanki mąki kukurydzianej
- 3 łyżki mąki ziemniaczanej
- ½ łyżeczki soli morskiej

Kaszę jaglaną przepłukać raz albo dwa pod zimną bieżącą wodą. Ugotować według przepisu na opakowaniu. Następnie zblendować i odstawić do przestygnięcia. Kaszę dokładnie wymieszać z pozostałymi składnikami kopytek, aż masa uzyska gładką konsystencję. Ciasto na kopytka ma to do siebie, że bardzo się klei, dlatego najlepiej od razu przygotować stolnicę i posypać ją mąką ziemniaczaną.

Przełożyć kawałek ciasta na stolnicę, obtoczyć go w mące, aby się nie kleił do rąk, uformować z niego wałeczek i pokroić na kawałki długości 1,5–2 cm. Kopytka gotować we wrzącej wodzie z odrobiną oliwy z oliwek. Gdy wypłyną na wierzch, wyłowić.

Koktajl z buraka i jabłek

(OD 8. MIESIĄCA ŻYCIA)

2 PORCJE

- **2 buraki**
- **2 jabłka**
- **1 łyżeczka oleju lnianego**

Buraki umyć i obrać. Jabłka umyć, obrać i pozbawić gniazd nasiennych. Buraki i jabłka wycisnąć w wyciskarce do soków lub sokowirówce. Odrobiną wody przepłukać pojemnik urządzenia i dodać ją do koktajlu. Następnie dodać olej lniany i dokładnie wymieszać.

Zupka pomidorowa z kluseczkami lanymi

(OD 10. MIESIĄCA ŻYCIA)

4 PORCJE

KLUSECZKI

- 3 łyżki mąki ryżowej
- 3 łyżki mąki ziemniaczanej
- 2–3 łyżki wody
- 2 jajka
- 1 płaska łyżeczka soli morskiej

Jajka wbić do szklanki, dodać mąkę, sól i wodę. Energicznie wymieszać. W tym samym czasie zagotować wodę w garnku. Powoli, długim strumieniem delikatnie wlewać masę na kluski do garnka z wrzącą wodą. Bardzo delikatnie mieszać, aby pozostawić ich strukturę i kształt. Najlepiej podawać zaraz po przygotowaniu.

ZUPA

- 1 kg świeżych pomidorów
- 2 szklanki wywaru z warzyw lub mięsnego
- 1 cebula
- 3 łyżeczki masła klarowanego ghee lub oliwy z oliwek
- 1 łyżeczka posiekanej świeżej bazylii
- 1 szczypta soli himalajskiej
- 1 łyżeczka cukru kokosowego

Pomidory sparzyć w gorącej wodzie. Zdjąć skórki. Na rozgrzanej patelni rozpuścić tłuszcz, wsypać drobno posiekaną cebulę, a następnie pomidory. Dusić pod przykryciem przez ok. 15 minut.

Pomidory przetrzeć przez sitko, by usunąć pestki. Połączyć z wywarem i bazylią, dorzucić resztę przypraw. Dodać kluseczki i podawać na ciepło.

RAINBOW

W pochmurne dni zaserwuj swojemu dziecku kolorowe danie z łososiem. Zamiast tradycyjnych warzyw wyczaruj z nich wesołe, wielobarwne spaghetti. Nie tylko ładnie wygląda, ale i wyśmienicie smakuje. Do tego dołącz pulpeciki z łososia i mamy komplet.

Klopsiki z łososia z warzywnym makaronem

(OD 10. MIESIĄCA ŻYCIA)

3–4 PORCJE

KLOPSIKI

- 200 g filetu z łososia ekologicznego
- 1 garść szpinaku
- 1 jajko
- ⅓ pęczku szczypiorku
- 1 szczypta bazylii
- 1 szczypta soli
- 1 szczypta pieprzu
- masło klarowane ghee do smażenia

WARZYWNE SPAGHETTI

- 1 cukinia
- 1 burak
- 1 pietruszka
- 1 marchew
- kawałek kłącza imbiru wielkości kciuka
- po 1 szczypcie: tymianku, majeranku, soli morskiej i pieprzu
- sos sojowy

Filet z łososia umyć, osuszyć i pokroić w drobną kostkę lub przepuścić przez maszynkę. Szpinak opłukać, osuszyć i drobno poszatkować, a następnie podsmażyć na patelni na maśle klarowanym ghee, aż liście zmiękną. Do miski wrzucić rozdrobnionego łososia, podsmażony szpinak, jajko, szczypiorek, bazylię, sól i pieprz i wszystko dokładnie zmiksować. Z masy formować kuleczki lub płaskie kotleciki i podsmażyć je na patelni na maśle klarowanym ghee.

Cukinię, buraka, pietruszkę i marchew umyć i obrać, a następnie przy pomocy obieraczki do warzyw lub specjalnego przyrządu wyciąć z nich cienkie paseczki. Warzywne „spaghetti" poddusić na patelni z odrobiną wody i sosu sojowego. Następnie dusić przez 5–6 minut na wysokim ogniu, dodając w międzyczasie przyprawy. Całość posypać szczypiorkiem.

Muffinek jajeczny

(OD 11. MIESIĄCA ŻYCIA)

1 PORCJA

- **2 pomidorki koktajlowe**
- **1 jajko**
- **1 łyżeczka napoju roślinnego, np. ryżowego**
- **1 plasterek szynki z indyka**
- **½ łyżeczki masła klarowanego ghee**

Jajko umyć, rozbić, dodać napój roślinny oraz drobno pokrojoną wędlinę. Pomidorki sparzyć i obrać ze skórki, dodać do masy jajecznej. Następnie masę wlać do foremki wysmarowanej masłem klarowanym ghee i zapiekać przez ok. 20 minut w temperaturze 180°C.

Budyń z kaszy jaglanej z bananem i napojem owsianym

(POWYŻEJ 11. MIESIĄCA ŻYCIA)

1 PORCJA

- **20 g kaszy jaglanej**
- **20 g banana**
- **60 ml napoju owsianego**
- **½ łyżeczki masła klarowanego ghee**

Kaszę dokładnie przepłukać bieżącą wodą, a następnie ugotować do miękkości na napoju owsianym. Dodać rozgniecionego widelcem banana, chwilę podgotować, a następnie dodać łyżeczkę masła klarowanego ghee i dobrze wymieszać.

Zupa mleczna bez laktozy i glutenu dla alergików

(OD 12. MIESIĄCA ŻYCIA)

2–3 PORCJE

W dobie coraz większych problemów związanych z nietolerancjami żywieniowymi szukamy alternatywnych przepisów na klasyczne dania, które pamiętamy z naszego dzieciństwa. Przygotowałam dla was zupę mleczną w wersji bez laktozy oraz glutenu, wzbogaconą zdrowymi, pełnowartościowymi dodatkami.

- **500 ml napoju roślinnego (u mnie: owsianego)**
- **5 łyżek kaszy jaglanej**
- **1 łyżeczka mąki kukurydzianej**
- **1 łyżka cukru kokosowego lub miodu**
- **1 szczypta ziarenek wanilii**
- **1 łyżeczka masła klarowanego ghee**
- **owoce (maliny, borówki, jagody)**

Ugotować kaszę jaglaną z napojem roślinnym i wanilią, dodać mąkę kukurydzianą i gotować do uzyskania pożądanej konsystencji. Następnie dodać masło klarowane ghee oraz miód i wsypać umyte owoce.

Gofry kojarzą mi się z dzieciństwem i wakacjami nad polskim morzem. Jednak tamte smakołyki ociekały tłuszczem i cukrem. Aby uniknąć wypełniania małych brzuszków niezdrowymi produktami, przygotowałam bezglutenową wersję dobrze znanych nam gofrów. Obiecuję, że są tak samo pyszne! Przepis sprawdzi się zwłaszcza dla maluchów z alergią na gluten.

Bezglutenowe gofry dla maluszka

(OD 12. MIESIĄCA ŻYCIA)

OK. 8 SZTUK

- 4 jajka
- 100 g mąki owsianej bezglutenowej
- 30 g mąki ryżowej
- 200 ml bezglutenowego napoju owsianego (lub innego napoju roślinnego)
- 1 łyżeczka miodu
- 1 szczypta sody oczyszczonej lub proszku do pieczenia
- 1 szczypta soli morskiej
- odrobina oleju kokosowego

Uwaga! Potrzebna będzie gofrownica.

Wymieszać wszystkie składniki. Natłuścić gofrownicę, a następnie przelać do niej ciasto. Piec przez kilka minut, aż ciasto się zarumieni.

Do takich gofrów polecam domowe dżemy, konfitury czy też zmiksowane owoce, a nawet… mój mus kokosowy Foods by Ann.

Koktajl zielone zdrowie

(OD 12. MIESIĄCA ŻYCIA)

1 PORCJA

- 50 g liści szpinaku
- 3 łyżki soku z cytryny
- 2 oliwki bez pestek
- 1 łyżeczka mielonego siemienia lnianego
- 150 ml wody
- syrop klonowy

Liście szpinaku zblendować z oliwkami, sokiem z cytryny, siemieniem lnianym oraz odrobiną syropu klonowego i wodą.

Purée z awokado

(OD 12. MIESIĄCA ŻYCIA)

1 PORCJA

- **¼ awokado**
- **niewielki kawałek kopru włoskiego**
- **1 daktyl medjool bez pestki (opcjonalnie)**

Awokado umyć i obrać. Koper włoski przepłukać, ugotować do miękkości, a następnie zblendować z awokado i daktylem.

Śniadaniowy koktajl mocy

(OD 12. MIESIĄCA ŻYCIA)

2 PORCJE

- 1 słodkie jabłko
- ½ dojrzałego, miękkiego awokado
- ½ banana
- 1 garstka natki pietruszki
- 1 łyżka zmielonego siemienia lnianego
- 1 szklanka wody źródlanej
- kilka kropli soku z cytryny

Jabłko umyć, obrać i pozbawić gniazda nasiennego. Awokado i banana obrać ze skóry. Wszystkie składniki dokładnie zblendować.

Placki bezglutenowe na drugie śniadanie

(OD 12. MIESIĄCA ŻYCIA)

OK. 10 SZTUK

Umówmy się, że dzieci są małe, duże i bardzo duże. ;-)
Kto z nas nie ma czasem ochoty na placuszki?

- **1 szklanka mąki bezglutenowej**
- **1 szklanka napoju roślinnego**
- **¼ szklanki domowego soku jabłkowego niesłodzonego (opcjonalnie)**
- **2 łyżki syropu klonowego lub innego zdrowego słodu**
- **1 łyżka zmielonego siemienia lnianego**
- **2 łyżeczki proszku do pieczenia**
- **2 łyżeczki mielonego cynamonu**
- **1 łyżeczka oleju kokosowego**
- **1 szczypta soli morskiej**

Wszystkie składniki zmiksować, by uzyskać ciasto o takiej konsystencji jak ciasto na naleśniki. Rozgrzać odrobinę tłuszczu na patelni i smażyć małe placuszki o średniej grubości. Placuszki podać na ciepło np. z truskawkami lub jagodami. A można zabrać do przedszkola, szkoły lub pracy!

Cukinia to lekkostrawne warzywo. Jest bogata w potas, magnez, żelazo oraz witaminy C i K. Do tego jest jednym z pierwszych warzyw, jakie można podawać małemu dziecku.

Jeśli nie masz możliwości zerwania jej prosto z ogródka lub kupienia w sklepie z ekologicznymi warzywami, kieruj się jej wyglądem. Najlepsza cukinia to ta nieprzerośnięta, mała lub średnich rozmiarów.

Możesz przygotować z niej ciasto, potrawkę czy leczo. Ja zachęcam do zrobienia mięciutkich placuszków, które doskonale sprawdzą się jako przekąska na ciepło, ale i zimne nie stracą na wartości. Te placuszki są lekkie i miękkie, a do tego bardzo proste w przygotowaniu. To szybka, zdrowa oraz wartościowa przekąska dla twojego maluszka.

Mięciutkie placuszki z cukinii

(OD 12. MIESIĄCA ŻYCIA)

6–8 SZTUK

- **½ cukinii**
- **1 jajko**
- **2 łyżki mąki kasztanowej lub kokosowej**
- **tymianek**
- **sól morska**
- **pieprz**

Cukinię zetrzeć na tarce, a następnie odsączyć z nadmiaru płynu. Dodać roztrzepane jajko, przyprawy oraz mąkę. Wszystkie składniki dokładnie wymieszać.

Uformować placki i ułożyć je na blasze wyłożonej papierem do pieczenia. Nastawić piekarnik na temperaturę 190°C i piec placuszki przez ok. 25 minut.

Oto doskonała alternatywa dla klasycznych placuszków. Te z mojego przepisu są miękkie i delikatne, a do tego zdrowe. Zawierają awokado i ryż, a dodatkowo możesz wzbogacić je o szpinak. Serwując je maluszkowi, dostarczasz mu niezbędnych witamin i składników odżywczych, takich jak żelazo, potas, magnez, w które bogaty jest szpinak, a także zdrowe kwasy tłuszczowe z awokado.

Szpinak to bogactwo witamin i składników mineralnych, m.in. potasu, witaminy K, witaminy A i karotenoidów. Jest także doskonałym źródłem magnezu, dzięki czemu ma dobry wpływ na funkcjonowanie układu nerwowego, obniża podatność na stres, a przy tym wykazuje właściwości uspokajające. Zdrowe kwasy tłuszczowe, w które bogate jest awokado, są niezbędne do prawidłowego funkcjonowania organizmu i dostarczają mu energii. Ryż natomiast pomaga regulować pracę jelit.

To danie świetnie sprawdzi się jako ciepłe śniadanie lub kolacja. Możesz także eksperymentować i zmieniać dodatki. Ja zachęcam do lekko wytrawnej wersji ze szpinakiem, który dodatkowo doda im koloru. Ale możesz eksperymentować i zamienić je na słodki podwieczorek, dodając na przykład LIO Shake Malina. Dzieci to lubią!

Grasz w zielone? A więc do dzieła!

Mięciutkie placuszki dla małych i dorosłych

(OD 12. MIESIĄCA ŻYCIA)

OK. 10 SZTUK

- 2 banany
- 1 awokado
- 1 jajko
- 5 łyżek ugotowanego ryżu
- 2 łyżki LIO Shake Szpinak (opcjonalnie)
- 1 łyżka masła klarowanego ghee

Wszystkie wymienione składniki, poza masłem klarowanym ghee, umieścić w malakserze i zblendować na gładką masę. Można użyć także blendera ręcznego. Rozgrzać patelnię i rozpuścić na niej masło klarowane ghee. Nakładać niewielkie porcje przygotowanej masy i smażyć placuszki po kilka minut z jednej i z drugiej strony pod przykrywką, aż się zarumienią.

Muffinki warzywne
(do lunchboxa)

(OD 12. MIESIĄCA ŻYCIA)

8–10 SZTUK

- 1 szklanka mąki owsianej
- 1 szklanka mąki, np. jaglanej lub kasztanowej
- 1 szklanka napoju roślinnego, np. migdałowego
- 5 pomidorków koktajlowych
- 3 różyczki brokułu
- 3 różyczki kalafiora
- 2 łodygi szparagów
- 1 jajko
- 60 g masła klarowanego ghee
- bazylia
- tymianek

Mąkę owsianą oraz mąkę jaglaną lub kasztanową, napój roślinny, jajko i rozpuszczone masło klarowane ghee wymieszać przy użyciu miksera. Brokuły, kalafiora i szparagi ugotować i pokroić w kostkę. Pomidorki sparzyć i obrać ze skórki. Do ciasta dodać warzywa i delikatnie wymieszać. Wlać ciasto do papilotek włożonych do blaszki muffinkowej do ¾ ich wysokości. Piec przez 20 minut w temperaturze 200°C do zrumienienia się muffinek.

Wersję dla rodziców można wzbogacić solą i 5 minut przed końcem pieczenia położyć na wierzch ser żółty.

Muffinki są lekko wilgotne w środku i dość ciężkie od warzyw. Pyyycha!

¡VAMO
AL
PER

Kulki mocy z buraka
(do lunchboxa)

(OD 12. MIESIĄCA ŻYCIA)

OK. 6 SZTUK

- 1 burak
- 4 łyżki nieugotowanej kaszy jaglanej
- 4 łyżki wiórków kokosowych
- 2 daktyle medjool bez pestek lub garść rodzynek, lub garść żurawiny
- 1 szklanka wody

Kaszę jaglaną ugotować w wodzie. Burak obrać i owinąć w folię aluminiową. Piec przez ok. 30 minut w temperaturze 180°C. Daktyle / rodzynki / żurawinę sparzyć we wrzącej wodzie. Buraka zblendować, dodać resztę składników i wymieszać, uformować kulki i obtoczyć w wiórkach. Wstawić do lodówki na 2 godziny.

Szaszłyki
(do lunchboxa)

(OD 12. MIESIĄCA ŻYCIA)

2–3 PORCJE

- 1 pierś drobiowa
- ½ czerwonej papryki
- ½ żółtej papryki
- ½ małej cukinii
- 2 łyżki sezamu
- 2 łyżki oliwy z oliwek
- bazylia
- tymianek
- kilka patyczków do szaszłyków

Mięso dokładnie umyć, pokroić w kosteczkę i polać oliwą z oliwek, po czym oprószyć przyprawami oraz sezamem. Dokładnie umyć warzywa, paprykę pokroić w kostkę, a cukinię w półksiężyce. Następnie nadziać wszystkie produkty na patyczki. Piec przez 15–20 minut w piekarniku rozgrzanym do 180°C.

UWAGA! Przed podaniem maluchowi zdjąć z patyczków. Na patyczkach podawać, kiedy mamy pewność, że dziecko jest już na tyle duże, że nie zrobi sobie krzywdy – ale nawet wówczas należy pilnować go podczas jedzenia.

Cukinia faszerowana mięsem

(OD 12. MIESIĄCA ŻYCIA)

4 PORCJE

- 2 cukinie
- 100 g mięsa mielonego z drobiu
- 2 łyżki masła klarowanego ghee
- ½ szklanki przecieru pomidorowego
- bulion drobiowy
- natka pietruszki
- sól morska i pieprz do smaku

Cukinię umyć, przekroić wzdłuż na połówki i położyć na blasze wyłożonej papierem, środkiem do góry. Piec przez 10–15 minut (w zależności od wielkości cukinii). Następnie łyżką wydrążyć miąższ, pozostawiając brzeg o szerokości około ½ cm. Mięso poddusić na maśle, dodać przecier pomidorowy i rozdrobniony miąższ cukinii i chwilę razem dusić pod przykryciem. Napełnić wydrążone cukinie farszem mięsno-pomidorowym i zapiekać w piekarniku nagrzanym do temperatury 180°C przez 20–25 minut.

Kotleciki gryczane

(OD 12. MIESIĄCA ŻYCIA)

8–10 PORCJI

- ½ szklanki kaszy gryczanej
- 200 g tofu
- 1 łyżka masła klarowanego ghee
- 250 ml wody
- posiekany koperek
- sól morska
- pieprz czarny

Kaszę gryczaną ugotować w osolonej wodzie. Następnie dorzucić do niej rozdrobnione tofu. Dodać pieprz i koperek, porządnie ugnieść ręką i uformować placki, a potem albo podsmażyć na maśle klarowanym ghee na patelni, albo piec w piekarniku przez ok. 25 minut w temperaturze 180°C.

Co powiecie na naleśniki owsiano-kukurydziane? Pasują do wszelkich ulubionych dodatków, są bardzo pożywne i z pewnością zapewnią wam dużą porcję energii na długi niedzielny spacer czy sobotnie wojny na poduszki. Pozwólcie waszym pociechom aktywnie uczestniczyć w kreowaniu finalnych wersji naleśników, dziecięca wyobraźnia może przyczynić się do zupełnie nowego wydania tych klasycznych przysmaków.

Naleśniki owsiano-kukurydziane

(OD 12. MIESIĄCA ŻYCIA)

8–10 SZTUK

- **2 jajka**
- **1 szklanka mąki owsianej**
- **1 szklanka mleka kokosowego**
- **½ szklanki mąki kukurydzianej**
- **2 łyżki jogurtu roślinnego**
- **5 łyżek wody**
- **2 łyżki cukru kokosowego lub ksylitolu**
- **1 łyżeczka oleju kokosowego**

Mleko kokosowe zmiksować z jajkiem, jogurtem roślinnym i cukrem kokosowym lub ksylitolem, następnie dodać suche składniki, olej kokosowy i wymieszać. Smażyć na patelni.

Pieczone placki z dyni z jabłkiem

(OD 12. MIESIĄCA ŻYCIA)

OK. 10 SZTUK

- 1 kg dyni hokkaido
- 1 duże jabłko
- 2 jajka
- ½ szklanki mąki owsianej
- 1 łyżka oleju kokosowego
- 1 łyżeczka proszku do pieczenia
- 2 łyżeczki wanilii
- 1 łyżka cynamonu
- 1 szczypta soli morskiej

Dynię obrać, usunąć ze środka pestki i pokroić w kostkę. Przełożyć do garnka i gotować do miękkości.

Jabłko umyć, obrać, pozbawić gniazda nasiennego i zetrzeć.

Ugotowaną dynię przełożyć do pojemnika robota kuchennego, dodać jajka, mąkę, olej, przyprawy oraz starte jabłko.

Rozgrzać piekarnik do temperatury 180°C, rozłożyć papier do pieczenia, uformować placki i piec je przez 20–25 minut, aż się zarumienią.

Na okres jesiennych przeziębień przygotowałam przepis na sałatkę z dodatkiem cynamonu, który uważany jest za najstarszą przyprawę świata. Ma bardzo szerokie zastosowanie w medycynie naturalnej. Można stosować go między innymi przy biegunce, przeziębieniach, bólach mięśni i schorzeniach skóry. Jest źródłem żelaza, błonnika i wapnia. Możemy śmiało dodawać go do potraw dla dzieci od dziesiątego miesiąca życia. Jak zawsze podczas proponowania nowego składnika w diecie naszych maluchów, należy zacząć od minimalnych dawek, a następnie obserwować reakcje organizmu. W przypadku braku reakcji alergicznych możemy dołączyć dany składnik na stałe do naszego menu.

Tarta marchewka na słodko to prawdziwa bomba witaminowa. Może pełnić rolę surówki lub deseru z uwagi na słodkie nuty smakowe. Wyjątkowo aromatyczny dodatek w postaci cynamonu sprawi, że nasza przekąska będzie miała słodkawo-korzenny zapach i smak, zawarte w jabłkach oraz marchwi witaminy i minerały pomogą budować odporność organizmu, a dodatek w postaci rodzynek podziała na każdego łasucha jak magnes.

Tarta marchew na słodko z cynamonem i rodzynkami

(OD 12. MIESIĄCA ŻYCIA)

1–2 PORCJE

- 1 marchew
- 1 jabłko
- 1 garść rodzynek
- 1 łyżka oleju kokosowego
- 1 łyżka cukru kokosowego
- 1 szczypta cynamonu
- sok z cytryny do skropienia

Rodzynki sparzyć wrzątkiem. Jabłko i marchew zetrzeć na tarce. Wymieszać wszystkie składniki w miseczce, odczekać 5 minut, aż smaki się połączą. Całość delikatnie skropić sokiem z cytryny.

Placuszki bananowe

(OD 12. MIESIĄCA ŻYCIA)

6–8 SZTUK

- 2 banany
- 1 awokado
- 1 jajko
- 5 łyżek ugotowanego ryżu
- 2 łyżki LIO Shake Szpinak (opcjonalnie)
- 1 łyżka masła klarowanego ghee

Banany oraz awokado umyć i obrać ze skóry. Wszystkie składniki poza masłem klarowanym ghee zblendować. Smażyć (pod przykrywką) placuszki na roztopionym maśle klarowanym ghee po kilka minut z jednej i drugiej strony, aż się zarumienią.

Wiśniowy deserek

(OD 12. MIESIĄCA ŻYCIA)

2 PORCJE

- **200 g mrożonych wiśni bez pestek**
- **1 banan**
- **3 łyżki siemienia lnianego**
- **1 łyżka miodu**
- **200 ml wody**

Wiśnie ugotować w wodzie z siemieniem lnianym, następnie dodać miód, banana i zblendować wszystkie składniki.

Uwielbiamy słońce, ale wysokie temperatury potrafią zmęczyć ciało, zwłaszcza małego człowieka. W takich sytuacjach staram się schłodzić organizm. Jak to zrobić? Oczywiście, że lodami! Zobaczcie mój przepis na pyszny letni deser, który pokocha każde dziecko.

Co może sprawić dziecku większą frajdę niż lody? Założę się, że nawet najbardziej uparte niejadki skuszą się na letnią porcję orzeźwienia. Mam dla ciebie superprosty przepis na domowe i – co najważniejsze – zdrowe lody dla dzieci.

Brzoskwiniowe lody dla ochłody

(OD 12. MIESIĄCA ŻYCIA)

OK. 6 PORCJI

- **10 brzoskwiń**
- **100 ml gęstego mleczka kokosowego**

Brzoskwinie dokładnie umyć i obrać ze skórki. Następnie wyciągnąć pestki i wrzucić do miksera miąższ wraz z mleczkiem kokosowym. Całość dokładnie zmiksować, aż do uzyskania gładkiej masy – jeśli trzeba, dodać nieco więcej mleczka. Przygotowaną masę brzoskwiniową wlać do foremki na lody i wsadzić do niej patyczki.

Wstawić na kilkanaście godzin do zamrażarki.

Proste, prawda? Smacznego!

1/3 tsp
1 tsp

Koktajl z pietruszki i kiwi

(OD 12. MIESIĄCA ŻYCIA)

1 PORCJA

- 1 pęczek natki pietruszki
- 1 kiwi
- ½ pęczka natki pietruszki
- 1 jabłko
- kilka kropli soku z cytryny

Jabłko umyć, pozbawić gniazda nasiennego i obrać. Kiwi obrać. Owoce i natkę pietruszki wycisnąć w wyciskarce do soków lub sokowirówce. Następnie dodać sok z cytryny i dokładnie wymieszać.

Koktajl z buraka i granatu

(OD 12. MIESIĄCA ŻYCIA)

2 PORCJE

- **2 buraki**
- **100 ml soku z granatu**

Buraki umyć i obrać. Wycisnąć w wyciskarce do soków lub sokowirówce. Następnie dodać sok z granatów i dokładnie wymieszać.

Herbata na przeziębienie

(OD 12. MIESIĄCA ŻYCIA)

- **2 łyżki soku z malin**
- **1 łyżeczka suszonego tymianku**
- **1 łyżeczka miodu**
- **200 ml wrzątku**

Tymianek zalać wrzątkiem i zostawić na ok. 15 minut. Następnie dodać resztę składników. Napar w tym czasie lekko wystygnie, a dodany do niego miód nie straci swoich cennych wartości.

Syrop na kaszel

(OD 12. MIESIĄCA ŻYCIA)

- ½ czerwonej cebuli
- ½ białej cebuli
- 1 ząbek czosnku
- ½ szklanki miodu

Cebulę obrać i pokroić w plastry, czosnek drobno pokroić. Zalać miodem. Przykryć spodkiem i zostawić na ok. 2–3 godziny.

Podawać kilka razy dziennie 1 łyżeczkę.

W moich przepisach często wykorzystuję śliwki – zarówno te świeże, jak i te suszone. Śliwki są dobrym źródłem związków polifenolowych o właściwościach antyoksydacyjnych. Ponadto są one cennym źródłem potasu, zawierają także wapń, magnez, fosfor, witaminy z grupy B i witaminę K. Do dzisiejszego przepisu użyłam śliwek suszonych, które dostarczają sporo błonnika pokarmowego dbającego o prawidłowe funkcjonowanie naszych jelit.

Owsianka z siemieniem lnianym i śliwką

(POWYŻEJ 12. MIESIĄCA ŻYCIA)

2 PORCJE

- **50–70 g płatków owsianych**
- **3–4 suszone śliwki**
- **1 szklanka napoju migdałowego lub innego napoju roślinnego**
- **2 łyżki siemienia lnianego zmielonego w młynku do kawy**
- **1 łyżka miodu**
- **1 dowolny owoc (np. gruszka, owoc kaki)**
- **1 łyżeczka oleju z orzecha włoskiego (opcjonalnie)**

Płatki owsiane namoczyć na noc w zimnej wodzie. Rano ugotować je, dodając napój roślinny (u mnie migdałowy). Suszone śliwki namoczyć w gorącej wodzie. Gruszkę (lub inny owoc) umyć, obrać i pokroić. Dodać zmielone siemię lniane, pokrojoną gruszkę, miód, szczyptę kurkumy oraz suszone śliwki, wcześniej namoczone w gorącej wodzie. Opcjonalnie można dodać też do owsianki 1 łyżeczkę oleju z orzecha włoskiego.

Domowy jogurt migdałowy z owocami leśnymi

(POWYŻEJ 12. MIESIĄCA ŻYCIA)

2 PORCJE

- 1 szklanka migdałów
- 3½ filiżanki wody filtrowanej
- 2–4 daktyle medjool bez pestek (do smaku)
- 1 cała laska wanilii (posiekana) lub ½ łyżeczki ekstraktu z wanilii
- 1 saszetka bakterii jogurtowych
- 1 szczypta soli morskiej
- kilka mrożonych owoców leśnych

Wsypać migdały do miski, zalać je wodą i pozostawić na noc (8–10 godzin). Rano opłukać je i dobrze osuszyć. Następnie wrzucić do blendera, dodając wodę, daktyle i wanilię. Miksować na największych obrotach przez ok. 1 minutę. Mieszaninę wyłożyć na czystą lnianą ściereczkę, która posłuży za sitko. Przez małe otwory wyciskać napój do miski (może to potrwać kilka minut). Podgrzać napój, a następnie dodać 1 saszetkę bakterii jogurtowych (według instrukcji na opakowaniu – w temperaturze 45°C). Odstawić na 4 godziny. Wymieszać z solą morską i dodać kilka owoców leśnych rozgniecionych widelcem. Wstawić do lodówki.

Domowa granola na śniadanie

(POWYŻEJ 12. MIESIĄCA ŻYCIA)

- 1 szklanka płatków owsianych bezglutenowych
- ⅓ szklanki migdałów
- ⅓ szklanki orzechów laskowych
- ½ szklanki pestek słonecznika
- ½ szklanki wiórków kokosowych
- ½ szklanki rodzynek (namoczonych wcześniej w gorącej wodzie przez 10–15 minut)
- 2 łyżki oleju kokosowego
- 2 łyżki miodu
- 1 szczypta cynamonu
- 1 szczypta kardamonu
- 1 szczypta kurkumy
- 1 szczypta pieprzu

Dokładnie wymieszać wszystkie składniki (z wyjątkiem owoców suszonych i wiórków kokosowych). Mieszankę wysypać na blaszkę wyłożoną papierem. Piec przez 20–30 minut w temperaturze 160°C. W trakcie pieczenia wymieszać całość kilka razy. Na koniec dodać suszone owoce i wiórki kokosowe.

Lato rozpieszcza nas smakami i kolorami, a w parze z nimi idą cenne witaminy i składniki odżywcze. Dzisiaj proponuję wam przepis na zupę z marchwi. To aksamitny i zdrowy krem, idealny na letnie popołudnia. Jest bardzo pożywny, a do tego lekki i kolorowy. Możesz dodać do niego dowolne dodatki, ale ja stawiam na czekoladę i pestki słonecznika. Jeśli twój maluszek jeszcze ich nie je, możesz je zamienić na coś innego lub pominąć. Ta pomarańczowa zupa aż prosi się o spróbowanie!

Marchew jest pyszna sama w sobie, świetnie smakuje na surowo, pokrojona w słupki albo ugotowana. To bogactwo β-karotenu, który doskonale wpływa na prawidłowe funkcjonowanie naszego wzroku, wzmacnia odporność oraz nadaje skórze zdrowy kolor.

Krem z marchwi dla dzieci

(POWYŻEJ 12. MIESIĄCA ŻYCIA)

4–5 PORCJI

- 700 g marchwi
- 3 szklanki bulionu warzywnego
- ½ cebuli
- kawałek kłącza imbiru
- 1 łyżka nasion słonecznika
- 1 łyżka masła klarowanego ghee
- 1 szczypta soli morskiej
- 1 szczypta pieprzu
- po 1 szczypcie: cynamonu, bazylii, słodkiej papryki
- 2–3 kostki czekolady

Cebulę pokroić w kostkę, czosnek przecisnąć przez praskę, a imbir zetrzeć na tarce. Wszystko razem poddusić na patelni na maśle klarowanym ghee. Następnie obrać i pokroić marchew, a potem dorzucić ją na patelnię. Po ok. 5 minutach dolać bulion i dodać wszystkie przyprawy oraz cukier kokosowy. Gotować, aż marchew zmięknie. Na koniec zblendować wszystkie składniki. Gdy zupa zyska konsystencję kremu, wlać ją do miseczki i posypać startą czekoladą oraz nasionami słonecznika.

Pyszna i rozgrzewająca zupa, która dzięki aromatycznym przyprawom wzmocni odporność twojej rodzinki? Proszę bardzo! Taki właśnie jest krem z dyni z syropem z agawy.

Wraz ze spadkiem temperatury wzrasta zapotrzebowanie organizmu na ciepłe i sycące potrawy. Krem z dyni idealnie sprawdzi się w roli takiego dania na obiad lub kolację. Dynia to bogactwo witamin: A, B_1, B_2, C, PP oraz składników mineralnych, zwłaszcza fosforu, żelaza, wapnia, potasu i magnezu. Lista jej prozdrowotnych właściwości jest naprawdę długa.

Dynia jest bogata w β-karoten, który w organizmie przekształca się w witaminę A. Hamuje ona procesy oksydacyjne, obniża poziom złego cholesterolu, reguluje poziom ciśnienia tętniczego. Poza tym dynia wzmacnia wzrok. Dynia jest też bardzo delikatna dla żołądka, więc jest jednym z pierwszych warzyw wprowadzanych podczas rozszerzania diety maluszków. Warto to wykorzystać i poeksperymentować, dlatego zachęcam cię do przygotowania tej aromatycznej pomarańczowej zupy! Dynia, cebula, ziemniak i aromatyczne, rozgrzewające przyprawy czynią tę zupę wyjątkowo zdrową i pyszną, a jej pomarańczowy kolor skusi niejednego niejadka.

Pomarańczowy krem z dyni

(POWYŻEJ 12. MIESIĄCA ŻYCIA)

4–5 PORCJI

- 1 kg dyni hokkaido
- 1 ziemniak
- ½ cebuli
- ½ pomarańczy
- 1 puszka mleczka kokosowego
- 2 łyżki masła klarowanego ghee
- 1 łyżka syropu klonowego
- 1 płaska łyżeczka kardamonu
- ½ łyżeczki kurkumy
- 1 ząbek czosnku
- kawałek kłącza imbiru
- 2 szczypty soli morskiej (opcjonalnie)
- 1 szczypta cynamonu
- prażone pestki słonecznika (do posypania)

Nastawić piekarnik na 180°C. Dynię przekroić na pół i piec przez ok. 30 minut (czas pieczenia zależy od wielkości dyni i piekarnika, sugeruję sprawdzać podczas pieczenia). Na patelni podgrzać masło klarowane ghee, dodać poszatkowaną cebulę i wyciśnięty w prasce czosnek, a następnie poddusić warzywa, aż zmiękną.

W garnku ugotować ziemniaka. Przełożyć upieczoną dynię bez skóry do miski, dodać ziemniaka, podduszone na maśle cebulę i czosnek oraz starty na tarce imbir. Wszystko razem zblendować. Dodać mleczko kokosowe i przyprawy, po czym gotować na małym ogniu przez kilka minut.

Tak przygotowaną zupę krem przełożyć do miseczki.

Ja dodałam do niej sok z połowy pomarańczy i posypałam prażonymi pestkami dyni oraz polałam 1 łyżką syropu klonowego. To wzbogaca jej smak, a także podnosi jej wartości odżywcze.

Naleśniki z mąki kasztanowej

(POWYŻEJ 12. MIESIĄCA ŻYCIA)

10–12 SZTUK

- 120 g mąki kasztanowej
- 2 jajka
- ok. 200 ml mleka kokosowego
- 1 łyżka kakao
- ½ łyżeczki bezglutenowego proszku do pieczenia
- 1 szczypta cynamonu do smaku
- olej kokosowy do smażenia

Jajka dokładnie umyć. Jajka, mąkę, mleko kokosowe, kakao, proszek do pieczenia i szczyptę cynamonu dokładnie wymieszać lub zblendować, tak aby uzyskać jednolitą masę.

Naleśniki smażyć na oleju kokosowym, cienko wylewając masę na patelnię.

Naleśniki gryczane z musem owocowym

(POWYŻEJ 12. MIESIĄCA ŻYCIA)

10–12 SZTUK

NALEŚNIKI

- 120 g zmielonej kaszy gryczanej lub mąki gryczanej
- 300 ml napoju roślinnego lub 150 ml napoju roślinnego i 150 ml wody
- 2 jajka (lub zamiennik jajka – 2 łyżki siemienia lnianego namoczone w 4 łyżkach gorącej wody)
- 1 łyżka kakao 80%
- 1 szczypta cynamonu
- 1 szczypta soli morskiej
- olej kokosowy do smażenia

Wszystkie składniki dokładnie zmiksować blenderem. Na patelni rozpuścić olej kokosowy i wylać ciasto. Po kilku minutach obrócić naleśnik. Nakładać mus i rolować.

MUS GRUSZKOWO-BANANOWY

- 2 małe gruszki
- 1 dojrzały banan
- 3 łyżki soku z cytryny
- 1 łyżka cynamonu

Owoce umyć. Obrać gruszki i usunąć gniazda nasienne. Obrać banana i pokroić go na małe kawałki. Włożyć owoce do garnuszka, dusić na małym ogniu. Dodać sok z cytryny oraz cynamon. Dokładnie zblendować aż do uzyskania jednolitej konsystencji.

MUS MANDARYNKOWY

- 200 g mandarynek
- 5 łyżek wody
- 1 łyżka cukru kokosowego
- 1 szczypta wanilii
- 1 szczypta cynamonu
- kilka kropli soku z cytryny

Mandarynki umyć, sparzyć i obrać ze skórki. Jeśli mają pestki – usunąć je. Skarmelizować cukier, dodać mandarynki, dusić pod przykryciem. Dokładnie zblendować aż do uzyskania jednolitej konsystencji.

Naleśniki jaglane z musem malinowo-truskawkowym

(POWYŻEJ 12. MIESIĄCA ŻYCIA)

10–12 SZTUK

CIASTO NA NALEŚNIKI

- 1½ szklanki ugotowanej kaszy jaglanej
- 1 szklanka mleka kokosowego
- 5 łyżek mąki ziemniaczanej lub kokosowej
- 4 łyżki oleju kokosowego lub masła klarowanego ghee
- 1 jajko
- 1 łyżka kakao
- 1 szczypta soli himalajskiej

Wszystkie składniki dobrze wymieszać, a następnie dokładnie zblendować. Masa powinna mieć konsystencję taką jak masa na tradycyjne naleśniki, jeśli jest zbyt gęsta, należy dodać wody. Naleśniki smażyć na oleju kokosowym lub maśle klarowanym ghee na średnim ogniu pod przykryciem. Uwaga: jeden naleśnik smaży się przez ok. 8 minut. Należy go dość długo przytrzymać na jednej stronie, dopiero potem przerzucić na drugą.

Nakładać mus i rolować.

MUS MALINOWO-TRUSKAWKOWY

- 1 łyżka LIO Shake Malina
- 2 łyki LIO Shake Truskawka
- 120 ml jogurtu roślinnego
- 1 łyżeczka cukru kokosowego (opcjonalnie)

Zblendować wszystkie składniki aż do uzyskania jednolitej konsystencji.

Migdałowe placuszki z musem

(POWYŻEJ 12. MIESIĄCA ŻYCIA)

2–3 SZTUKI

Oto przepis na przepyszne placuszki zarówno dla tych większych, jak i tych mniejszych. Sprawdzą się one idealnie na rodzinne śniadanie. Dodałam mąkę migdałową, ponieważ migdały posiadają wiele cennych składników. Znajdziemy w nich witaminy takie jak B_2, B_3 i E, potas, magnez i błonnik, a także nienasycone kwasy tłuszczowe.

- **2 łyżki mąki migdałowej**
- **1 łyżka mąki owsianej**
- **1 jajko**
- **1 łyżeczka masła klarowanego ghee**
- **1 szczypta cynamonu**
- **1 szczypta soli morskiej**
- **mus jabłkowy (do podania, przepis na stronie 76)**
- **płatki migdałów (do posypania)**

Wymieszać wszystkie składniki. Na patelni rozgrzać masło klarowane ghee i smażyć placuszki z obu stron. Podawać z musem jabłkowym oraz płatkami migdałów.

Kulki mocy
(do lunchboxa)

(POWYŻEJ 12. MIESIĄCA ŻYCIA)

OK. 4 SZTUK

- **4 daktyle medjool bez pestek (namoczone w gorącej wodzie)**
- **2 łyżki nasion słonecznika**
- **2 łyżki białego sezamu**

Zblendować wszystkie składniki. Jeśli masa się nie klei, dodać odrobinę wody lub oleju kokosowego. Uformować kulki i wstawić do lodówki.

Owsiane babeczki (do lunchboxa)

(POWYŻEJ 12. MIESIĄCA ŻYCIA)

6–8 SZTUK

- 2 szklanki płatków owsianych
- 2 jajka
- 1 banan
- ½ szklanki napoju roślinnego (np. migdałowego)
- ½ szklanki malin
- 5 łyżek cukru kokosowego (opcjonalnie)
- 1 łyżeczka bezglutenowego proszku do pieczenia

Płatki dokładnie zmiksować w blenderze, dodać banana, jajko, cukier kokosowy i napój roślinny, a następnie wszystko zblendować. Dodać całe maliny i delikatnie wymieszać. Przełożyć do pojemniczków na muffinki i piec przez ok. 20 minut w 180°C.

Zimowe placki z musem jabłkowym i cynamonem

(POWYŻEJ 12. MIESIĄCA ŻYCIA)

8–10 SZTUK

Jak wiadomo, aktywność na śniegu pochłania mnóstwo energii, dlatego przygotowałam dla waszych pociech pełnowartościową, regenerującą przekąskę – placki z musem jabłkowym i cynamonem.

- **200 g mąki owsianej bezglutenowej**
- **100 g musu z jabłek**
- **100 ml mleka kokosowego**
- **50 g daktyli medjool bez pestek**
- **5 łyżek soku jabłkowego**
- **2 łyżki jogurtu roślinnego**
- **1 łyżka cukru waniliowego**
- **1 łyżeczka proszku do pieczenia**
- **1 szczypta cynamonu**
- **1 szczypta soli morskiej**
- **masło klarowane ghee do smażenia**

Mleko kokosowe zmiksować z sokiem jabłkowym, musem, jogurtem roślinnym, daktylami i cukrem waniliowym, następnie dodać suche składniki i wymieszać. Smażyć na patelni.

Babeczki z truskawkami
(do lunchboxa)

(OD 12. MIESIĄCA ŻYCIA)

6–8 SZTUK

- 200 g płatków owsianych lub mąki owsianej
- 12 średnich truskawek
- 1 jajko (lub zamiennik jajka – 1 łyżka siemienia lnianego lub nasion chia, namoczonych w 4 łyżkach gorącej wody)
- 100 ml mleka kokosowego lub innego napoju roślinnego
- 50 g cukru kokosowego
- 50 g oleju kokosowego
- 1 łyżeczka bezglutenowego ekologicznego proszku do pieczenia
- 1 szczypta cynamonu
- 1 szczypta wanilii

Truskawki pozbawić szypułek i umyć. Płatki owsiane zmiksować w robocie kuchennym na mąkę. Następnie dodać pozostałe składniki (oprócz truskawek) i dokładnie wymieszać. Dodać 10 truskawek i całość zmiksować, dwie pozostałe truskawki pokroić na plasterki. Ciasto wlać do foremek wysmarowanych delikatnie tłuszczem. Wierzch babeczek udekorować plasterkami truskawek. Piec przez ok. 45 minut w temperaturze 180°C.

Ciasto marchewkowo-bananowe

(POWYŻEJ 12. MIESIĄCA ŻYCIA)

OK. 14 PORCJI

- 4–5 dużych marchewek
- 4 jajka
- 200 g masła klarowanego ghee
- 150 g cukru kokosowego
- 150 g wegańskiej czekolady z orzechami
- 120 g mąki owsianej
- 100 g mąki kasztanowej
- ½ szklanki rodzynek
- 1 łyżeczka proszku do pieczenia
- 1 szczypta cynamonu
- banan (do dekoracji)

Marchewki umyć, obrać i zetrzeć na tarce o dużych oczkach. Białka jaj ubić z cukrem kokosowym, dodać roztopione i ostudzone masło klarowane ghee, żółtko, mąki, proszek do pieczenia i całość wymieszać. Dodać startą marchew, rodzynki oraz cynamon. Czekoladę rozpuścić w rondelku, połowę dodać do ciasta, połowę zostawić do polewy. Masę dokładnie wymieszać, przelać do formy wyłożonej papierem do pieczenia i piec w temperaturze 180°C przez 40–45 minut. Ciasto pozostawić do wystygnięcia w piekarniku. Przestudzone ciasto polać pozostałą czekoladą i udekorować plasterkami banana.

›› Coś dla małych amatorów słodyczy – zimowe rozgrzewające ciasteczka z nutą imbiru, kardamonu i cynamonu. Po długim zimowym spacerze każdy maluch chętnie sięgnie po taką zdrową przekąskę.

Zimowe ciasteczka na przekąskę

(POWYŻEJ 12. MIESIĄCA ŻYCIA)

OK. 15 SZTUK

- 2 jajka
- 10 daktyli medjool bez pestek
- ½ szklanki rodzynek lub suszonej żurawiny
- 100 g mąki owsianej
- 30 g mąki kokosowej
- 10 g oleju kokosowego lub masła klarowanego ghee
- 2 łyżki cukru kokosowego lub syropu klonowego
- 2 łyżki wiórków kokosowych
- 1 łyżka kakao
- 1 szczypta soli morskiej
- po szczypcie: cynamonu, imbiru, kardamonu

Daktyle i rodzynki / żurawinę sparzyć wrzątkiem i moczyć ok. 15 minut. Miękkie daktyle zmiksować z cukrem i jajkami, dodać mąkę oraz, jeśli masa jest zbyt sucha, jeszcze jedno jajko (wszystko zależy od rodzaju daktyli). Wszystkie składniki zblendować. Na koniec dodać rodzynki / żurawinę i wymieszać ręką. Piekarnik rozgrzać do temperatury 180°C, następnie uformować ciasteczka i piec je przez 10–15 minut. W połowie pieczenia przewrócić ciasteczka na drugą stronę.

Domowa nutella

(POWYŻEJ 12. MIESIĄCA ŻYCIA)

- 1 banan
- 2 daktyle medjool bez pestek
- 1 łyżeczka kakao 80%

Daktyle sparzyć, a następnie zblendować je z bananem oraz kakao.

Lody malinowo-bananowe

(POWYŻEJ 12. MIESIĄCA ŻYCIA)

4 PORCJE

- 100 g malin
- ½ banana
- 2 łyżki mleczka kokosowego
- 1 łyżka wiórków kokosowych
- ¼ łyżeczki ekstraktu waniliowego

Banan pokroić w plasterki, włożyć wraz z malinami na noc do zamrażarki. Owoce zblendować z mleczkiem kokosowym, ekstraktem waniliowym i ponownie schłodzić w zamrażarce. Całość przełożyć do pucharka i posypać wiórkami.

Wszystkie dzieci bez wyjątku (!) uwielbiają słodycze. Wiem, jak trudno zapanować nad tymi małymi łakomczuchami, dlatego przygotowałam przepis na słodkie, lecz zdrowe czekoladki domowe na bazie masła z orzechów nerkowca lub laskowych.

Orzechy to tzw. paliwo dla mózgu: mają dobroczynny wpływ na jego funkcje poznawcze, wspomagają jego rozwój oraz procesy nauki i wysiłku intelektualnego, które są najbardziej nasilone w intensywnie rozwijających się organizmach dzieci. Dodatkowo zawierają witaminy z grupy B, które korzystnie wpływają na układ nerwowy, ukrwienie skóry i włosy.

Pamiętajmy jednak, że orzechy to silne alergeny, dlatego zaleca się podawać je dzieciom od 12. miesiąca życia, zaczynając od małych ilości.

Domowe czekoladki dla dzieci

(POWYŻEJ 12. MIESIĄCA ŻYCIA)

OK. 15 SZTUK

- 100 g oleju kokosowego
- 100 g masła z orzechów nerkowca / masła z orzechów laskowych
- 4 łyżki miodu
- 2 łyżki kakao
- 1 szczypta cynamonu
- 1 szczypta kardamonu
- 1 szczypta soli morskiej (gruboziarnistej – jeśli ktoś lubi)

Rozpuścić w rondelku olej kokosowy, dodać kakao i powoli mieszać, dodając masło z nerkowców oraz przyprawy. Następnie gotować przez kilka minut, aż składniki dobrze się połączą. Odstawić gotową masę, by trochę wystygła, następnie dodać miód i wszystko wymieszać. Przełożyć do małych foremek na czekoladki i posypać solą (opcjonalnie). Wstawić do lodówki na noc.

Te czekoladki to idealny *cheat meal*, kiedy nasze pociechy mają ochotę na coś słodkiego.

Koktajl marchewkowo-grejpfrutowo-gruszkowy

(POWYŻEJ 12. MIESIĄCA ŻYCIA)

2 PORCJE

- 3 marchewki
- 1 grejpfrut
- 1 gruszka

Marchewki i grejpfruta umyć i obrać. Gruszkę umyć, obrać i pozbawić gniazda nasiennego. Marchewki, gruszkę i grejpfruta wycisnąć w wyciskarce do soków lub sokowirówce. Odrobiną wody przepłukać pojemnik urządzenia, dodać ją do koktajlu i dokładnie wymieszać.

Sok z czarnej porzeczki z miodem

(POWYŻEJ 12. MIESIĄCA ŻYCIA)

- 150 ml soku z czarnej porzeczki
- 1 łyżeczka dowolnego miodu

Sok z czarnej porzeczki z dodatkiem miodu to naturalny lek na kaszel. Do podgrzanego soku (max. 40°C) dodać łyżeczkę miodu. Pić kilka razy dziennie małymi łyczkami.

Klopsiki w sosie pomidorowym

(OD 3. ROKU ŻYCIA)

10–12 SZTUK

- 300–350 g mielonego mięsa drobiowego
- 400 g pieczarek
- 5–6 pomidorów
- 1 jajko
- 2–3 łyżki oliwy z oliwek
- 2 łyżki świeżych ziół, np. bazylii, oregano, tymianku
- 1 szczypta soli morskiej
- 1 szczypta pieprzu czarnego

Mięso wymieszać z jajkiem, solą i pieprzem. Uformować kulki i chwilę podsmażyć na oliwie z oliwek. Następnie dodać pokrojone w kostkę pomidory, pieczarki oraz zioła i dusić na małym ogniu przez ok. 15–20 minut.

Wiem, można pomyśleć, że w mojej kuchni wciąż są placuszki. I w sumie to prawda! Robię je naprawdę często, ponieważ są szybkie w przygotowaniu, a do tego dają dużo możliwości w komponowaniu smaków i składników. Mogą być wytrawne lub słodkie, a w zależności od pory dnia będą lekkim śniadaniem lub pysznym deserem.

Jeśli twój maluszek ma uczulenie na jajka, gluten lub laktozę, to jest to idealny przepis dla waszej rodziny. Bez jajek, bez glutenu i bez laktozy! Szpinak to bogactwo witamin i składników mineralnych, m.in. potasu, magnezu, witaminy K, karotenoidów, folianów oraz żelaza. Czasami trudno jest przekonać dzieci, aby go jadły, ponieważ źle przyrządzony po prostu im nie smakuje.

Teraz czas na miks banana i szpinaku! To doskonałe połączenie sprawdza się nie tylko w smoothie. Spróbuj mojego pomysłu na placuszki, w których te dwa składniki stanowią zdrową podstawę. Ich uzupełnieniem są nasiona chia, które stanowią doskonałe źródło kwasu α-linolenowego, który z kolei jest prekursorem pozostałych kwasów tłuszczowych omega-3. Kwasy omega-3 budują błony komórkowe i działają przeciwzapalnie oraz przeciwnowotworowo. Ogromna ilość błonnika zawartego w małych ziarenkach chii działa korzystnie na układ trawienny i zapewnia uczucie sytości na długo. Te placuszki nie tylko dostarczą małemu brzuszkowi cennych wartości odżywczych, lecz także zaspokoją nieduży apetyt.

Placuszki bananowo-szpinakowe

(OD 3. ROKU ŻYCIA)

4–6 SZTUK

- 2 banany
- 3–4 łyżki mleka kokosowego lub jogurtu roślinnego
- 1 łyżka LIO Shake Szpinak lub 1 garść świeżego szpinaku*
- 5 g nasion chia
- 1 szczypta cynamonu
- 2 łyżki mąki kokosowej
- 1 łyżka mąki ziemniaczanej
- masło klarowane ghee do smażenia

Wszystkie składniki umieścić w misce i zblendować.
Tak powstałe ciasto nakładać łyżką na patelnię z rozgrzanym masłem klarowanym i smażyć z obu stron. Podawać na ciepło!

* liofilizowany szpinak w proszku to swego rodzaju koncentrat, który ma ok. 10 razy więcej witamin i minerałów niż jego świeży odpowiednik, można użyć 1 garści szpinaku świeżego, ale ze względu na jego sezonowość wybrałam postać liofilizowaną

Pudding z chia

(OD 3. ROKU ŻYCIA)

W nasionkach chia kryje się magiczna moc. Świetnie wpływają na układ pokarmowy, działają przeciwzapalnie oraz przeciwnowotworowo, a do tego pomagają utrzymać prawidłowy poziom cholesterolu i wspomagają walkę z nadciśnieniem.

PUDDING

- **1 szklanka mleka kokosowego**
- **1 szklanka mleka migdałowego**
- **⅓ szklanki chia**
- **⅓ szklanki wiórków kokosowych**
- **2 łyżki syropu klonowego**

MUS

- **1 mango**
- **2 łyżki syropu klonowego**

Energicznie wymieszać wszystkie składniki na pudding i odłożyć na ok. 1 godzinę do lodówki. Zblendować mango z syropem klonowym i polać pudding. Schłodzić raz jeszcze i posypać ulubionymi owocami.

Nuggetsy z siemieniem lnianym i pestkami dyni

(OD 3. ROKU ŻYCIA)

Robienie nuggetsów to doskonała zabawa dla całej rodziny! My obtoczyliśmy kawałki kurczaka w siemieniu lnianym i w pestkach dyni, ale może masz swoje ulubione nasiona. Doskonale smakują nuggetsy w panierce z płatków kukurydzianych.

- **pierś kurczaka**
- **sól, ewentualnie ulubione przyprawy**
- **jajko**
- **nasiona siemienia lnianego**
- **pestki dyni**

Mięso pokroić na kawałki, przyprawić, obtoczyć w roztrzepanym jajku i ulubionej panierce.

Piec w piekarniku rozgrzanym do 190°C przez ok. 30 minut.

Party by Ann

Czy znacie osobę, która nie lubi słodyczy? No właśnie, ja też nie. Sama uwielbiam słodkości i dlatego przygotowałam 10 przepisów na zdrowe słodycze, które pokocha twoja pociecha. Do wykorzystania na Dzień Dziecka czy np. urodziny!

Wielu rodziców całkowicie eliminuje słodycze z diety swojego dziecka ze względu na złe skutki spożywania cukrów przetworzonych. Jednak nie wszyscy wiedzą, że aby trzymać zdrową dietę, nie trzeba zupełnie wystrzegać się słodyczy. Wystarczy produkty ze sklepowej półki zastąpić zdrowymi, domowymi przepisami. Takimi jak te...

Babeczki z czekoladą

(POWYŻEJ 12. MIESIĄCA ŻYCIA)

OK. 4 SZTUK

- 4 kostki gorzkiej czekolady
- 2 banany
- ½ szklanki mąki owsianej (bezglutenowej)
- 3½ łyżki masła klarowanego
- 2½ łyżki cukru kokosowego
- 1 łyżeczka LIO Shake Malina (opcjonalnie)
- ½ łyżeczki sody oczyszczonej

Wszystkie składniki zblendować. Foremki na muffinki wysmarować masłem, przelać do nich masę, następnie włożyć do każdej po kostce czekolady. Rozgrzać piekarnik do temperatury 180°C i piec 15–17 minut. Pozostawić w piekarniku do wystygnięcia.

Bananowe brownie

(POWYŻEJ 12. MIESIĄCA ŻYCIA)

OK. 10 PORCJI

- 3 banany
- 1 jajko
- 1½ szklanki mąki ryżowej
- 8 łyżek cukru kokosowego
- 4 łyżki oleju kokosowego lub masła klarowanego ghee
- 3⅓ łyżki napoju roślinnego
- 2 łyżki kakao
- 2 łyżeczki cynamonu
- 1 łyżeczka proszku do pieczenia
- ½ łyżeczki soli morskiej
- 1 garść żurawiny

Wymieszać wszystkie składniki. Rozgrzać piekarnik do temperatury 180°C. Podłużną foremkę wysmarować tłuszczem (można też wyłożyć ją papierem do pieczenia). Przełożyć ciasto do foremki. Piec przez ok. 40 minut i pozostawić w piekarniku do wystygnięcia.

Ciasteczka amarantusowe

(POWYŻEJ 12. MIESIĄCA ŻYCIA)

8–10 SZTUK

- 10 niesiarkowanych rodzynek
- 1 jajko
- ⅔ szklanki amarantusa ekspandowanego
- 1 łyżka wiórków kokosowych
- 1 łyżeczka gorzkiego kakao
- ½ łyżeczki oleju kokosowego

Rodzynki zalać wrzątkiem i odstawić na 15 minut. Zblendować jajko z rodzynkami, kakao i olejem. Dodać amarantus, wiórki i wymieszać. Wyłożyć blachę papierem do pieczenia, uformować z masy kulki i lekko „rozpłaszczyć” na ciasteczka. Piec w temperaturze 180°C przez ok. 15 minut.

Kokosowe ciasto z batatów

(POWYŻEJ 12. MIESIĄCA ŻYCIA)

OK. 8 PORCJI

- **2 jajka (lub zamiennik jajek – 2 łyżki siemienia lnianego lub 2 łyżki nasion chia namoczone w ⅓ szklanki gorącej wody)**
- **1 batat**
- **½ szklanki orzechów włoskich**
- **⅓ szklanki wiórków kokosowych do posypania**
- **4 łyżki mąki kokosowej**
- **3 łyżki oleju kokosowego**
- **2 łyżki syropu klonowego**
- **2 łyżki soku z cytryny (opcjonalnie)**
- **1 łyżeczka proszku do pieczenia**
- **½ łyżeczki cynamonu**
- **1 szczypta kardamonu**

Batat umyć, obrać i zetrzeć na tarce. Przełożyć do miski. Dodać mąkę i przyprawy, a następnie jajka (lub chia) i resztę składników. Wszystko wymieszać. Przełożyć do foremki i piec przez ok. 30 minut w temperaturze 180°C. W połowie pieczenia posypać ciasto wiórkami kokosowymi.

Ciasto o smaku Raffaello i Snickersa

(POWYŻEJ 12. MIESIĄCA ŻYCIA)

OK. 16 PORCJI

SPÓD

- 10–12 daktyli medjool bez pestek
- 2 szklanki wiórków kokosowych
- 1 łyżka oleju kokosowego

MASA KOKOSOWA

- 1⅓ szklanki kaszy jaglanej
- 1 łyżeczka oleju kokosowego
- 1 szklanka mleka kokosowego
- 3 łyżeczki cukru kokosowego
- 6–7 łyżek musu kokosowego
- sok z ½ limonki

POLEWA

- 4 łyżki masła orzechowego
- 3–4 łyżeczki cukru kokosowego
- 1 szklanka mleczka kokosowego

Daktyle pozbawić pestek, sparzyć je wrzątkiem i moczyć przez ok. 15 minut. W mikserze zblendować składniki na spód ciasta, wyłożyć nimi okrągłą formę i wstawić do lodówki.

W tym czasie ugotować kaszę jaglaną (opłukaną wcześniej dwa razy pod bieżącą wodą). Pod koniec gotowania, kiedy pozostanie już mało wody, dolać mleko kokosowe i gotować do momentu wchłonięcia. Odstawić pod przykryciem do wystygnięcia (najlepiej do lodówki). Następnie zmiksować ugotowaną i ostudzoną kaszę z pozostałymi składnikami na masę. Przelać na spód ciasta i ponownie włożyć do lodówki – na ok. 30 minut.

Przygotować polewę: w garnku na średnim ogniu podgrzać przez chwilę mleczko kokosowe z cukrem i masłem orzechowym, cały czas mieszając. Polać ciasto i wstawić na noc do lodówki.

Kasztanowe naleśniki z musem malinowym

(POWYŻEJ 12. MIESIĄCA ŻYCIA)

10–12 PORCJI

Przepis na naleśniki na stronie 192.

MUS MALINOWY

- 1 szklanka malin lub LIO Shake Malina
- ½ szklanki jogurtu roślinnego
- 2 łyżki LIO Shake Truskawka
- 1 łyżeczka cukru kokosowego (opcjonalnie)

Przygotować mus, blendując wszystkie składniki. Gotowe naleśniki posmarować musem malinowo-truskawkowym.

Mięciutkie ciasto bananowe z rozgrzewającym kakao

(POWYŻEJ 12. MIESIĄCA ŻYCIA)

OK. 12 PORCJI

- 2 tabliczki gorzkiej czekolady (80%)
- 2 jajka
- 1 szklanka mąki owsianej bezglutenowej
- ¾ szklanki cukru kokosowego
- 5 daktyli medjool bez pestek
- 1 łyżka kakao
- 1 łyżka proszku do pieczenia
- 1 łyżka oleju kokosowego
- kilka orzechów (nerkowca, włoskie, laskowe)
- żurawina lub rodzynki (według upodobań)

Na małym ogniu rozpuścić w rondelku czekoladę wraz z olejem kokosowym, cały czas mieszając. Do robota kuchennego wsypać mąkę owsianą, cukier kokosowy, proszek do pieczenia oraz jajka, przygotowaną czekoladę i wydrylowane i namoczone wcześniej we wrzątku (15 minut) daktyle. Wszystko wymieszać, następnie dodać orzechy i rodzynki.

Na blaszce do pieczenia wyłożyć papier i przełożyć masę. Piec przez ok. 15 minut w temperaturze 180°C.

Niebo w gębie, czyli proste ciasto daktylowo-owsiane

(POWYŻEJ 12. MIESIĄCA ŻYCIA)

OK. 12 PORCJI

- 1⅓ szklanki płatków owsianych
- 4 garście daktyli medjool bez pestek
- 2 garście orzechów włoskich
- 4 łyżki syropu klonowego
- 4 łyżki kakao
- ½ łyżeczki sody oczyszczonej
- 1 szczypta cynamonu
- 2 miarki białka roślinnego o smaku wanilii lub czekolady (opcjonalnie)

Zalać płatki owsiane ciepłą wodą i moczyć przez godzinę. Równocześnie zalać wrzątkiem daktyle i moczyć przez ok. 30 minut. Zblendować daktyle z kakao i syropem. Dodać płatki, resztę przypraw i ponownie zblendować. Do przygotowanego ciasta wsypać orzechy i wymieszać.

Rozgrzać piekarnik do temperatury 180°C i piec przez ok. 30 minut w podłużnej blaszce (keksówce), wyłożonej papierem do pieczenia. Pozostawić w piekarniku do wystygnięcia.

Tort wiśniowy w czekoladzie

(POWYŻEJ 12. MIESIĄCA ŻYCIA)

OK. 14 PORCJI

- 2 jajka
- 2 szklanki czereśni / wiśni bez pestek
- 100 g gorzkiej czekolady
- 1 szklanka mąki bezglutenowej
- ¾ szklanki + 1 łyżka cukru kokosowego
- ½ szklanki mleczka kokosowego (gęsta część z puszki lub inna śmietana roślinna)
- ½ szklanki oleju kokosowego lub masła klarowanego ghee o temperaturze pokojowej
- 3 łyżki kakao
- 1 łyżeczka wanilii
- ½ łyżeczki proszku do pieczenia
- ½ łyżeczki sody oczyszczonej
- ¼ łyżeczki soli morskiej
- 1 łyżka brandy (opcjonalnie w wersji dla dorosłych)

Drylowane wiśnie wymieszać z 1 łyżką cukru kokosowego (i – jeżeli przygotowujemy tort dla dorosłych – 1 łyżką brandy). Pozostawić w przygotowanej marynacie przez godzinę.

W międzyczasie wymieszać mąkę, kakao, proszek do pieczenia, sodę i sól, a olej kokosowy ubić z cukrem w osobnej misce. Do oleju ubitego z cukrem dodać jajka i ubijać, aż masa będzie jasnożółta. Dodać wanilię i dobrze wymieszać.

Połączyć ⅓ przygotowanej wcześniej mieszanki z mąką i wymieszać całość. Następnie dodać ½ mleczka kokosowego (gęstą część – wcześniej należy włożyć ją do lodówki), dobrze wymieszać i dosypać kolejną część (⅓) mieszanki z mąką, ponownie dobrze wymieszać, aż do połączenia produktów. Dolać rozpuszczoną czekoladę i wymieszać, następnie dodać pozostałe mleczko kokosowe / śmietankę roślinną i ostatnią część mieszanki z mąką. Całość dokładnie wymieszać.

Rozgrzać piekarnik do temperatury 180°C. Wyłożyć tortownicę o średnicy 22 cm papierem do pieczenia (papier należy zawinąć na boki, tak aby nic się nie wylało z formy, ułatwi to także wyjmowanie ciasta).

Przełożyć wiśnie do formy, a następnie na owocach równomiernie rozprowadzić ciasto.

Piec w temperaturze 180°C przez 50–55 minut.